재벌과 부

대한민국 부의 중심

김경진 지음

한울

이 도서의 국립중앙도서관 출판예정도서목록(CIP)은 서지정보유통지원시스템 홈페이지(http://seoji.nl.go.kr)와
국가자료종합목록시스템(http://www.nl.go.kr/kolisnet)에서 이용하실 수 있습니다.
(CIP제어번호: CIP2018028369)

차 례

책을 펴내며

재벌은 우리나라 경제를 이야기할 때 빼놓을 수 없는 집단이다. 단적으로 삼성전자의 1년 매출액이 우리나라 국가 예산에 버금갈 정도로 크다. 삼성 이외에 현대차그룹, SK, LG, 롯데 같은 재벌들은 우리나라 경제를 성장시키는 견인차 역할을 했고 앞으로도 상당 기간 그러한 역할을 할 것이다. 재벌의 경제력 집중도가 높아지면서 재벌이 우리 사회에서 중요해졌지만, 그 중요성에 걸맞게 일반 국민의 존경을 받지는 못하는 것 같다.

이는 재벌의 성장이 스스로의 노력이라기보다는 정부의 지원 아래 성장했고 그 과정에서 일반 국민이 많은 것을 포기했기 때문이다. 중화학공업을 육성하기 위해서 정부는 저금리의 자금을 재벌 기업들에 공여했고 외국의 경쟁력 있는 제품이 국내에 들어오지 못하도록 수입 장벽을 높였다. 그리고 여러 제도를 통해서 재벌이 더 크게 성장해 국가의 경제를 이끌 수 있도록 다양한 특혜를 부여했다. 이러한 배경 때문에 우리나라 국민은 재벌에 대해서 상반된 감정을 갖는다. 해외에 나가서 현대 차와 삼성 제품을 보면 대한민국 국민으로 자부심을 느끼고, 본인이 혹은 자신의 자녀들이 재벌 기업에 취업하기를 간절히 기대한다. 그러나 술자리에서는 이러한 재벌들을 끊임없이 비난한다. 이런 상반된 반응은 일반 국민이 희생하고 정부에서 육성해 성장한 재벌이 그러한 희생들을 무시하기 때문에 발생한다.

　이 책에서는 현재 우리나라 재벌이 글로벌 기업으로 성장하고 국민에게 사랑받을 수 있는 방법을 제시하고자 한다. 1장에서는 재벌이 무엇이며 어떤 과정을 거쳐서 성장했는지 살펴보았다. 그리고 우리나라뿐만 아니라 미국과 일본 사례를 통해 우리의 재벌과 유사한 기업집단이 있는지 살펴보았다. 2장에서는 전문 경영인과 소유 경영인의 장단점을 알아보았다. 소유 경영인, 즉 재벌이 어떤 측면에서 기업을 운영하는 것이 유리하고 전문 경영인은 어떤 측면에서 기업을 운영하는 것이 유리한지 살펴보았고 궁극적으로 어떤 경영인이 더 경영을 잘할 수 있는지를 여러 사례를 통해 고찰했다. 3장에서는 재벌들이 경영권을 세습하는 과정에 동원된 편법을 알아보았다. 높은 세율의 상속세를 회피하거나 상속세에 대한 재원을 마련하기 위해서 재벌들이 다른 주주들의 이익에 어떤 악영향을 미치는지 사례를 통해 알아보았다. 4장에서는 재벌들이 기업을 소유하면서 경영을 병행하는 구조와 그 폐해를 살펴보았다. 실질적으로 재벌들은 스스로 급여를 결정할 수 있기 때문에 상대적으로 그들이 제공하는 노동력에 비해서 과도한 급여를 받아도 이를 제한할 장치가 없다. 5장에서는 재벌들이 좋은 투자안을 발견했을 때 어떤 행동 유인이 있는지 알아보았다. 재벌도 애덤 스미스(Adam Smith)가 말하는 경제적 인간이기 때문에 이들이 처한 상황에서 어떠한 의사결정을 하는지 살펴보았다. 마지막으로 재벌들의 경제력 집중으로 발생되는 사회문제를 해결할 수 있는 현재의 제도적 장치를 알아보았고 그 한계도 살펴보았다. 근본적으로 재벌 때문에 발생할 수 있는 사회문제를 해결할 대안을 제시했다.

이 책에서 제시한 대안이 실제 입법 과정까지 거쳐서 실행되기에는 많은 시간이 걸릴 수도 있다. 우리나라의 법체계에 대한 대대적인 개편이 동시에 이루어지고 사회적 공감대가 형성되어야 하며, 기득권들도 스스로 권리를 내려놓아야 한다. 이러한 모든 것이 해결되기 위해서는 상당히 오랜 시간이 걸릴 것으로 예상한다. 그러나 우리나라는 한국전쟁 이후 폐허에서 시작해 현재의 경제적 번영을 누리고 있다.

정치적으로는 군부독재에 항거해 현재의 민주주의를 국민 모두가 누리고 있다. 그 당시에는 불가능할 것 같았던 일들을 우리 국민은 해왔다. 이 책에서 제시하는 대안이 당장은 불가능할 것처럼 보인다 할지라도 궁극적으로 더 나은 사회를 만들기 위해 과거에 했듯이 우리 국민은 지속적으로 노력을 할 것이다. 그리고 결국에는 지금보다 더 나은 사회를 만들 것이다. 저자는 특정 재벌을 비난하기 위해 이 책을 집필한 것이 아니다. 이 책을 통해 재벌들이 일으키는 사회문제에 대해서 경각심을 일으키고 나아가 우리 사회가 좀 더 건전한 사회가 되기를 희망하며, 방법을 제시하고 싶다.

이 책의 내용이 다소 사회적으로 심각한 내용을 담고 있지만, 원고를 읽고 흔쾌히 출판을 허락해주신 박삼주 팀장님께 감사를 드린다. 집필 과정에서 초고가 나오면 가장 먼저 읽으면서 일반 대중의 눈높이에 맞도록 집필할 수 있게 의견을 주었고, 출판을 포기하려고 할 때마다 더 나은 사회를 위해서라면 누군가가 해야 할 일이라며 저자를 독려해준 선 씨에게 고마움을 표한다. 편집 과정에서 세세하게 편집해준 박준혁 편집자께도 고마움을 표한다. 이러한 분들의 노고가 없었다면 이 책은 출판되지 못했을 것이다. 우리 사회가 경제력 집중의 문제를 해결하고 다음 세대에게는 지금보다 건강한 사회를 물려주는 데 이 책을 통해서 조금이라도 일조하고 싶다.

01 재벌의 역사

재벌은 우리 일상의 의식주뿐만 아니라 여가 생활 전반에 걸쳐 밀접하게 관련되어 있다. 우리가 입는 옷은 제일모직, 이랜드, 코오롱 같은 기업이 판매한다. 우리가 먹는 식품은 CJ, 롯데가 판매하고 신세계그룹과 롯데그룹은 이 식품을 대형 마트를 통해서 유통한다. 우리가 사는 아파트는 삼성, LG, SK그룹의 건설사가 건설한다. 우리는 삼성, 한화 같은 재벌이 운영하는 놀이공원, 콘도에서 여가 생활을 영

---

*   이 책의 내용은 한국, 일본, 미국의 재벌의 역사에 대한 자료들은 주로 「외국재벌의 비교분석 및 사회적 평가」(조동성, 1988), 「한국기업의 지배구조」(이경묵·이지환, 2003), 「미국과 영국에서 기업의 소유와 지배, 경영의 분리과정」(박경로·김정욱, 2015), 「자본론으로 보는 한국경제」(김수행, 2012), 「일본의 기업 집단과 기업지배구조」(유지영, 2004)의 논문을 참고해 요약·정리했음을 밝혀둔다.

위한다. 우리는 해외여행을 가기 위해 대한항공이나 아시아나항공을 이용하면서 자연스럽게 한진그룹과 금호아시아나그룹이 제공하는 서비스를 이용한다.

이렇게 우리 생활과 밀착된 채 우리에게 필요한 제품과 서비스를 제공하는 재벌 혹은 대기업은 무엇일까? 우리는 대기업과 재벌을 동일시하고 있다. 이러한 거대 기업을 가치중립적으로 표현할 때는 대기업, 다소 안 좋은 어감으로 표현할 때는 재벌이라는 용어를 쓰는 경향이 있다. 대기업이면 전부 재벌일까? 대기업이라고 전부 재벌은 아니지만 삼성, 현대차, LG, GS, SK, 한화, 한진 같은 대기업을 재벌이라고 부르는 것이 어색하지 않다. 대기업을 재벌이라고 부르는 순간 우리는 해당 기업의 총수를 자연스럽게 떠올린다. 삼성은 이재용 부회장, 현대차는 정몽구 회장, LG는 구씨, GS는 허씨, SK는 최태원 회장, 한화는 김승연 회장, 한진은 조양호 회장이라고 금방 해당 기업의 총수와 기업을 일치시킨다.

우리는 대기업은 곧 재벌이라고 인식한다. 일반적으로 재벌이라고 하면 특정인에 의해서 운영되는 대규모 기업집단이라고 인식한다. 중소기업의 대주주이면서 곧 그 회사의 사장인 사람은 재벌이라고 하지 않는다. 우리는 재벌에 대해서 명확히 알지 못한 채 관습적으로 대기업을 재벌이라고 부르는 경향이 있다. 그래서 재벌에 대해서 논하기 전에 재벌의 정의와 재벌의 역사를 알아보겠다. 그리고 재벌이 우리나라에만 존재하는 독특한 기업집단인지, 세계적으로 존재하는 보편적인 기업집단인지에 대해서도 알아보겠다.

재벌의 정의

한국민족문화대백과사전에서는 재벌을 '재계에서 세력 있는 자본가, 기업가의 무리, 또는 정부의 지원 아래 성장한 가족, 혈족 지배의 대규모 기업집단'이라고 정의한다. 재벌이 되기 위해서는 크게 세 가지 조건이 충족돼야 한다. 첫째는 재계에서 세력 있는 자본가 혹은 기업가여야 한다. 규모가 너무 작아서 사회 경제적 파급력이 없다면 재벌이라고 할 수 없다. 그래서 중소기업은 재벌이라고 지칭하지 않는다. 재벌은 일반적으로 대기업 수준의 경제력을 갖추고 있어야 한다. 다양한 분류가 있으나 보통 재계 순위 50위 이내의 대기업이어야 재벌이라고 한다.

둘째는 정부의 지원 아래 성장한 기업이다. 대주주가 자수성가해서 스스로 키운 기업은 재벌이라고 부르기 어렵다. 그런 기업의 대주주는 단순히 자수성가한 사업가이다. 2000년대 초반 정보기술(IT) 붐을 통해서 많은 젊은 사업가들이 거대한 부를 거머쥐었다. 그들은 다음카카오, 네이버 같은 거대 기업을 이끌거나 넥센, 넷마블 같은 게임회사를 이끌고 있다. 이들이 보유한 자산이 기존 재벌만큼 많다고 해도 이들은 정부의 지원 아래 성장했기보다는 자신의 노력으로 성공

했기 때문에 이들을 재벌이라고 부르지 않는다.

마지막으로 가족 혹은 혈족이 지배하는 기업이다. 전문 경영인이 주도적으로 경영하기보다 소위 최대 주주라고 불리는 사람을 중심으로 그들의 자녀, 형제, 자매 등 가족이 경영의 전문성과 무관하게 경영에 참여한다. 언론 등에 1세대, 2세대, 3세대 같은 이야기들이 자주 나오는 기업들이 이에 해당한다. 창업주가 창업을 하고 기업을 이끌면서 이들의 부와 경영권이 2세에게 승계되고 또다시 3세에게 승계되는 형태라고 할 수 있다.

이러한 측면에서 보면 삼성, 현대차, SK, LG, GS, 롯데, 한화, 한진 같은 그룹을 재벌이라고 할 수 있다. 삼성그룹은 이건희 회장을 비롯해 그 자녀들이 부회장, 대표이사를 맡아 그룹의 전반적인 의사 결정을 담당하고 있다. 현대차그룹 역시 정몽구 회장과 그의 아들인 정의선 부회장 등 그의 가족이 곳곳에서 경영에 참여하고 있다. SK도 최태원 회장을 중심으로 그의 가족이 요직을 차지하며 경영하고 있다. LG, GS, 롯데, 한화, 한진에서도 유사하게 가족 중심의 경영이 이뤄지고 있다. 즉, 이들은 자본을 소유하는 자본가이면서 회사를 경영하는 경영자다. 재벌은 1970년대, 1980년대 경제 발전 시기에 정부의 지원을 발판 삼아 재계 순위 50위 이내에 든 대기업이면서 친족에 의해서 운영되고, 대주주의 후손에게 회사의 경영권이 상속되는 회사를 의미한다고 할 수 있다.

재벌은 대기업이기 때문에 우리 경제에 미치는 영향이 지대하다.

재벌이 우리 경제에 미치는 영향은 어느 정도일까? 이를 알아보기 위해서는 재벌에 집중된 경제력의 정도를 확인하면 된다. 다음은 2014년 2월 3일 ≪CEO스코어데일리≫의 인터넷판 기사이다.

> 한국 경제에서 10대 재벌의 매출이 차지하는 비중이 2012년 국내총생산(GDP) 기준 84%에 달한다고 ≪블룸버그통신≫이 보도했다. …… 삼성, 현대차, SK, LG, 롯데, 포스코, 현대중공업, GS, 한진, 한화 등 한국의 10대 재벌 매출 규모가 GDP의 84%나 되지만 고용은 전체 고용의 5%에 불과하다고 분석했다. …… 한국 경제에서 삼성그룹과 현대자동차그룹의 매출 규모가 GDP의 35%에 이른다고 발표, 논란의 중심에 선 바 있다.

앞의 기사는 국내 10대 그룹의 매출액이 2012년 국내총생산(GDP)의 84%에 달한다는 내용이다. 그러나 국내 10대 그룹의 고용은 전체의 5%에 지나지 않는다. 대기업집단으로의 경제력 집중 현상은 점점 확대되고 있다. 〈그림 1-1〉은 ≪경향비즈≫의 2017년 2월 12일 자기사에서 발췌한 것이다. 2002년 이후 국내 4대 재벌인 삼성, 현대차, SK, 롯데의 GDP 대비 매출액이 30% 수준에서 2015년 50% 수준까지 증가했다. 같은 기간 국내 30대 기업의 매출액이 GDP 대비 50% 대에서 90% 수준으로 급증했다.

이처럼 우리 일상생활과 밀접할 뿐 아니라 우리나라 경제의 주축

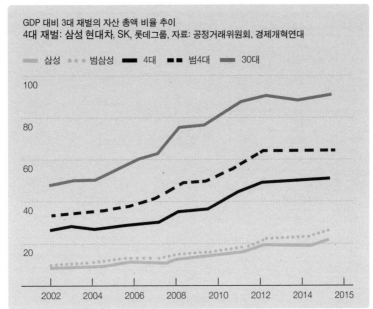

GDP 대비 3대 재벌의 자산 총액 비율 추이
4대 재벌: 삼성 현대차, SK, 롯데그룹, 자료: 공정거래위원회, 경제개혁연대

━━ 삼성　…… 범삼성　━━ 4대　■■ 범4대　━━ 30대

자료: "다시 떠오른 재벌개혁, 경제력 집중 억제냐 지배구조 개선이냐", ≪경향비즈≫, 2017년 2월 12일 자. http://biz.khan.co.kr/khan_art_view.html?artid=201702122042015&code=920100 참조(검색일: 2017년 2월 25일).

인 재벌에 경제력이 집중되는 현상은 과연 바람직할까? 재벌은 어떻게 우리나라 경제의 주축이 되었을까? 앞의 기사들을 보면 국내 30대 기업의 불황, 혹은 파산은 곧 대한민국 경제의 불황이요, 파산이라고 해도 과언이 아닐 것이다. 재벌은 규모가 거대하고 경제 전반에 대한 영향력이 크다. 따라서 재벌은 경제를 넘어 우리 사회 전반에 다양한 영향을 끼친다.

〈표 1-1〉 2016년 30대 그룹

(단위: 10억 원)

순위	집단	계열사	자산 총액	매출액	당기순이익
1	삼성	59	348,226	215,490	16,221
2	현대자동차	51	209,694	163,481	11,700
3	SK	86	160,848	137,324	13,608
4	LG	67	105,849	114,290	3,285
5	롯데	93	103,284	62,836	1,476
6	POSCO	45	80,233	61,662	1,074
7	GS	69	60,294	52,139	929
8	한화	57	54,697	28,832	701
9	현대중공업	26	53,497	48,393	-1,381
10	한진	38	37,025	22,315	-307
11	두산	25	32,383	14,221	-1,638
12	KT	40	31,315	22,622	730
13	신세계	34	29,165	19,001	959
14	CJ	62	24,763	19,982	466
15	부영	18	20,434	2,019	266
16	LS	45	20,230	21,932	121
17	대우조선해양	14	19,227	15,732	-3,770
18	대림	28	18,829	13,874	57
19	금호아시아나	24	15,246	10,640	-138
20	현대백화점	35	12,777	6,837	626
21	현대	21	12,282	7,394	-803
22	OCI	22	11,590	5,936	164
23	효성	45	11,546	11,978	348
24	미래에셋	28	10,944	115	3
25	S-OIL	2	10,893	18,163	651

26	대우건설	16	10,691	7,224	148
27	영풍	23	10,561	7,224	415
28	하림	58	9,910	6,197	191
29	KCC	7	9,806	4,487	106
30	KT&G	10	9,649	4,061	1,051
합계		1,148	1,545,888	1,126,401	47,259

자료: 공정거래위원회, 2016년 4월 1일 보도 자료 참조.

〈표 1-1〉은 2016년 공정거래위원회에서 발표한 자산 총액 5조 원 이상의 출자 총액 제한 기업 명단이다. 65개 기업이 리스트에 올랐으나 편의상 30대 기업의 현황에 대해서만 논의하겠다. 이 표에 따르면 1위인 삼성그룹은 2015년 말 자산 총액은 약 348조 원, 매출액은 215조 원, 당기순이익은 16조 원을 기록했다.

삼성이 만든 제품은 우리나라에서 유행이 되고 표준이 된다. 새로운 갤럭시 스마트폰이 나오면 많은 국민이 휴대전화를 바꾸곤 한다. 이는 비단 삼성뿐만이 아니다. 현대자동차에서 신차가 출시돼도 비슷한 현상이 나타난다. 이처럼 우리나라의 대기업 집단은 유행을 이끌고 하나의 트렌드를 만들어간다. 어디 이뿐이겠는가? 이들이 차지하는 정치적 영향력은 우리가 상상하는 그 이상이다. 30개 기업 집단의 계열사는 모두 1148개이다. 이 중에는 상장 기업도 있고 비상장 기업도 있다. 어느 기업이든지 간에 수는 다르지만 의무적으로 사외 이사와 감사를 선임하도록 되어 있다. 사외 이사는 학계에 있는 유명 교수들, 정부 기관에서 은퇴한 고위 관리들이 많은 수를 차지한다. 대

기업 집단 혹은 재벌은 이런 방식으로 우리나라의 정치와 사회를 지배하고 있다.

게다가 이들 재벌이 지출하는 광고비는 많은 신문사와 방송사의 주 수입원이다. 광고를 통해서 간접적으로 신문과 방송에 영향력을 행사할 가능성이 존재한다. 자사에 불리한 보도를 하는 곳에는 광고를 끊어버리고 자사에 유리한 보도를 하는 곳에는 광고를 더 줄 수도 있다. 광고를 통해 언론사에 영향을 끼칠 가능성이 있기 때문에 재벌에 유리한 보도가 나오도록, 혹은 재벌에 불리한 보도가 나오지 않도록 영향력을 행사할 개연성이 있다.

재벌이 우리 사회 전반에 끼치는 나쁜 영향이 있지만 우리 사회 전반에 미치는 좋은 영향도 있다. 우리나라는 내수 시장의 규모가 작다고 할 수 있다. 그러므로 경제가 성장하기 위해서는 기업들이 적극적으로 해외에 진출해야 한다. 당장 삼성전자의 매출액만 보더라도 국내보다 해외에서 더 많이 발생한다. 현대자동차도 국내보다 해외에서 더 많은 자동차를 판매하고 있다. 그러므로 해외 시장에서 글로벌 기업과 경쟁하기 위해서는 기업의 규모, 기술, 품질이 중요하다. 재벌에 경제력이 집중되는 현상이 발생하지만 이들은 커진 외형을 바탕으로 해외의 글로벌 기업과 경쟁할 수 있는 것이다. 이러한 이유로 재벌은 국가 경제성장을 견인하기도 한다.

〈표 1-2〉는 2016년에 공정거래위원회가 발표한 30대 그룹 중에서 5대 그룹만을 발췌한 것으로 5대 그룹이 30대 그룹에서 차지하는 위

<표 1-2> 2016년 5대 그룹 현황

(단위: 개, 10억 원)

순위	집단	계열사	자산 총액	매출액	당기순이익
1	삼성	59	348,226	215,490	16,221
2	현대자동차	51	209,694	163,481	11,700
3	SK	86	160,848	137,324	13,608
4	LG	67	105,849	114,290	3,285
5	롯데	93	103,284	62,836	1,476
5대 그룹 합계		356	927,901	693,421	46,290
비율(%)		31.0	60.0	61.6	97.9

자료: 공정거래위원회, 2016년 4월 1일 보도 자료 참조.

상을 보여준다. 상위 5개 그룹이 전체 30대 그룹 계열사의 31%, 자산 총액의 60%, 매출액의 61.6%, 당기순이익의 97.9%를 차지하고 있다. 재벌 안에서도 경제력 집중 현상이 심각하게 일어나고 있음을 알 수 있다.

경제력이 집중되면 그 집중된 경제력은 시장을 지배하려고 한다. 경쟁을 저해하려는 시도를 통해 우월한 시장 지위를 형성하려고 한다. 그리고 충분한 자금력을 바탕으로 중소기업과의 경쟁에서 우월한 위치를 차지할 수 있다. 국내에서는 더 경쟁할 상대가 없고, 시장을 지배하기 때문에 새로운 기업이 시장에 들어올 가능성이 낮아진다. 예를 들어, 벤처기업처럼 새로운 기술을 개발하고 시장에 진입하려는 경쟁자들을 초기에 인수하면서 시장 내 경쟁이 줄어들고 나아가 기업가 정신은 사라지는 사회가 될 수도 있을 것이다. 경쟁이 제한

〈표 1-3〉 미국 내 2014년 자동차 판매량 톱 10 기업

순위	업체	판매량(2014년 9월 누계)	점유율(%)
1	GM	2,207,888	17.76
2	포드	1,877,715	15.10
3	토요타	1,794,788	14.44
4	크라이슬러	1,556,059	12.52
5	혼다	1,160,605	9.34
6	닛산	1,063,272	8.55
7	현대	557,458	4.48
8	기아차	445,017	3.58
9	마쓰다	240,953	1.94
10	미쓰비시	58,365	0.47

자료: "미국 자동차 시장 동향과 전망", KOTRA, 2014년 10월 28일 자.

되면 그 피해는 고스란히 소비자들에게 전가된다. 다양한 제품과 서비스에 대한 선택이 제한된다. 제한된 경쟁으로 이러한 제품과 서비스를 구매하는 데 더 높은 비용을 지불하게 된다.

〈표 1-3〉은 2014년 9월 누계 기준으로 미국 내 자동차 판매량 기준 톱 10 기업들의 명단이다. GM이 17.76%로 판매량에서 1위를 차지하고 포드가 15.10%로 2위다. 어떤 기업도 절대적으로 1위를 하는 기업이 없다. 즉, 어떤 자동차 메이커도 절대적인 점유율로 미국 자동차 시장을 지배하지는 못한다.

반면에 〈표 1-4〉는 한국 자동차 시장의 점유율이다. 현대차와 기아차를 하나의 경제 공동체로 보면 현대·기아차의 시장 점유율은

<표 1-4> 2016년 국내 자동차 시장점유율

순위	메이커	점유율(%)
1	현대·기아차	65.97
2	쉐보레	9.84
3	르노삼성	6.13
4	쌍용자동차	5.75
5	기타	12.31
합계		100

자료: http://ecomaster.tistory.com/66(검색일: 2017년 1월 13일).

65.97%이다. 그리고 나머지 메이커들이 34.03%를 차지한다. 미국 시장과 달리 국내 시장은 경제력 집중으로 특정 자동차 메이커가 압도적으로 높은 시장 점유율을 차지하고 있다. 즉, 국내 자동차 시장은 현대·기아차가 지배한다고 볼 수 있다. 그 결과 소비자들의 선택의 폭도 좁아지고 있다. 경제력 집중은 경쟁을 줄이고 소비자의 선택의 폭을 좁게 만들어 소비자에게 더 높은 가격으로, 덜 다양한 제품을 선택하도록 강요 아닌 강요를 하게 될 소지가 많다.

진입 장벽은 다양한 방식을 통해서 만들 수 있다. 예를 들어, 반도체 산업에서는 기술력과 규모의 경제를 통해서 진입 장벽을 형성한다. 기술력과 규모의 경제가 진입 장벽을 만들기 때문에 이를 유지하기 위해 지속적인 기술 개발과 설비 투자를 단행한다. 명품 기업들은 브랜드 이미지와 품질이 진입 장벽이다. 그들 역시 이러한 진입 장벽을 유지하기 위해 브랜드를 널리 알리고 높은 품질을 유지하는 데 역량을 집중한다. 어떠한 형태의 진입 장벽이든 일단 생기면 기업들은 그 진입 장벽을 지속적으로 유지하기 위해 많은 노력을 기울인다. 경제력 집중에서 오는 진입 장벽이 생기면 기업들은 이런 진입 장벽을 유지하기 위해 기술을 개발하거나 시장을 개척하기보다는 더 많은 경제력 집중을 통해 기존의 진입 장벽을 유지하려고 노력할 것이다.

지금까지 살펴본 재벌의 경제력 집중은 득보다는 실이 많다. 그러면 재벌이 태동기부터 이렇게 득보다 실이 많은 경제 주체였을까? 다음에서 우리나라 재벌의 역사와 경제 전반에 대한 순기능도 알아보자.

한국 재벌의 역사

본격적인 우리나라 재벌의 역사는 1945년 8월 15일 광복과 같이 시작되었다고 볼 수 있다. 광복을 맞으면서 일본이 보유하던 모든 재산이 미 군정으로 이전되었다. 미 군정은 일본이 보유하던 기업이나 재산을 저렴한 가격에 민간에 매각했다. 그러나 1950년 6·25 전쟁이 발발하면서 나라는 폐허가 되었고 전쟁이 끝난 후 재벌들도 재건되기 시작했다.

1950년에 우리나라 경제는 미국의 원조가 없으면 지탱할 수 없는 수준이었다. 미국의 원조는 생필품인 밀가루, 설탕, 섬유에 집중되었다. 이를 바탕으로 당시 우리나라의 산업 역시 밀가루, 설탕, 섬유를 만드는 산업에 집중되었다. 그러나 물자가 부족했기 때문에 이러한 생필품을 수입해 부를 축적한 기업들이 재벌의 시초가 됐다. 당시 대표적으로 설탕과 섬유 사업으로 성장해 삼성의 모태가 된 기업이 제일제당과 제일모직이다.

우리나라 산업이 본격적으로 성장한 것은 박정희 정권 아래에서였다. 정부는 경제개발 5개년 계획을 통해 경공업에서 중공업으로 산업구조를 바꾸려고 노력했다. 박정희 정권의 정책 기조는 일단 경제의 파이를 키운 후에 분배하자는 것이었다. 정부는 경제의 파이를 키우기 위해 이미 미 군정 시절부터 자리 잡은 기업들을 지원했다. 중화학공업을 육성하기 위해서는 대규모 투자가 필요했다. 정부는 이러한 정책을 추진하기 위해 선택받은 일부 기업에 정책적으로 낮은 금리의 자금을 제공하고 정부의 보증을 통해 차관을 도입함으로써 기업들이 성장하도록 도와주었다. 기업들이 성장하면서 국가 경제도 같이 성장했다.

당시 삼성, 현대, 대우, LG, 쌍용이 성장하면서 현재의 재벌의 기틀도 형성되었다. 게다가 우리나라 인프라 확충을 위해서 항만, 도로, 아파트를 건설하면서 건설사를 보유한 재벌들은 유례없는 특수를 누렸고 부동산 개발에 따른 막대한 이윤도 덤으로 얻었다. 1975년 이후 종합상사를 통한 수출 지원 정책도 재벌이 성장하는 큰 원동력이 되었다. 1975년 우리나라 종합상사 1호로 삼성물산이 지정되었고 같은 해 쌍용, 대우, 국제, 한일 등 4개 회사가 추가로 지정되었다. 그리고 1978년에는 13개 사로 확대되었다. 대부분의 종합상사들은 국가의 수출을 주도하며 많은 이윤을 얻게 되었다.

박정희 시대 재벌의 순기능으로는 경제성장을 견인했다는 점을 들 수 있다. 그러나 저리의 정책 금융으로 대출받고 신규 사업을 얻기 위해서 재벌은 대정부 로비가 필요했다. 정부 사업을 수주하고 차관을 들여오는 데 필요한 정부 보증을 받으며, 신규 사업자로 지정받기 위해 재벌은 정부의 고위 실력자들에게 로비를 했다. 정부 주도로 발전한 경제에서 정부의 지원을 받느냐 못 받느냐가 재벌들에게는 성공의 핵심 열쇠가 되었다. 당시는 급속한 경제성장으로 일단 사업만 하면 누구나가 잘되는 시기였기 때문에 정부의 지원은 사업의 성공을 약속하는 보증수표나 다름없었다.

1980년대에 들어서 재벌은 지속적으로 정부와 밀접한 관계를 맺고 사업을 확장했다. 당시 정부의 시책에 불만이 있거나 협조하지 않으면 정부는 그 기업을 해체시킬 수도 있었다. 반대로 정부의 시책에 강하게 호응하면 정부는 그 기업을 얼마든지 성장시켜 줄 수 있었다. 가슴 아픈 역사지만 1980년대 군사독재 시절 정부의 시책에 호응하지 않는다는 이유로 재계 순위 7위의 국제그룹이 하루아침에 공중분해되었다. 1970년대와 다를 바 없이 재벌은 정부와 밀접한 관계를 유지했으며 정부는 그 대가로 재벌에 정책적 혜택을 제공했다. 정기적으로 부실기업을 정리하고 그 과정에서 정부는 특정 기업들이 부실

기업을 인수할 수 있도록 했다. 당연히 그 이면에는 정치권과 재벌의 눈에 보이지 않는 거래가 있었다. 전두환 정권과 노태우 정권은 자신들의 집권기에 수천억 원에 달하는 비자금을 축적했고 그 과정에서 재벌들도 자유롭지 못했다. 그런 이유로 문민정부에서 많은 재벌 총수가 법정에 서기도 했다.

1997년 말 외환위기가 시작되기 전까지 재벌들은 정책 금융 덕분에 낮은 금리로 자금을 이용할 수 있었다. 그 결과 수백 퍼센트의 부채비율은 기본이고 계열사 간의 지급보증을 통해 순환 출자를 했다. 총수는 단지 몇 퍼센트의 지분만으로 그룹 전체를 지배할 수 있었다. 그리고 재벌 총수의 친족들 역시 그룹 계열사의 요직에서 근무하며 소유와 경영이 일치되는 모습을 보였다. 그러나 1997년 말에 찾아온 외환위기로 수많은 재벌 기업이 파산했다. 쌍용, 대우, 한보, 동아, 우성, 삼미, 진로, 한라, 쌍방울 등 주요 재벌이 파산했다. 그 결과 재벌의 문어발식 확장은 제동이 걸리고 재벌들은 생존을 위해 알짜 계열사들을 매각했다.

그 과정에서 재벌의 폐해가 널리 알려지면서 재벌에 대한 견제 장치의 필요성이 대두됐다. 사외 이사 제도의 도입을 통해 이사회를 좀 더 투명하게 운영함으로써 재벌 총수를 견제하려는 시도가 있었다. 그리고 기업 운영에도 정경 유착이 아니라 효율을 추구하는 미국식 경영 방식이 도입되기 시작했다. 기업들은 이 시기부터 주주 가치 극대화라는 개념을 도입하고 이를 위해 노력하기 시작했다.

외환위기 이후 가장 큰 변화가 찾아온 것은 소유 구조였다. 과거 외환위기 전에는 외국인의 국내 주식 투자에 제한이 많았으나, 외환 위기 이후 금융시장을 개방해 외국인 투자자 비율이 가파르게 증가했다. 외환위기 시기인 1997년과 1998년에는 우리나라와 동남아시아의 몇몇 국가만 힘들었지, 선진국들은 호황을 누리고 있었다. 1997년 부터 2000년까지 S&P500 주가지수를 보면 미국 주가는 1997년부터 2000년까지 지속적으로 상승했다. 주가의 상승은 경제의 성장 없이는 불가능하다. 우리나라가 건국 이래 가장 힘든 시기를 보낼 때, 미국 등 선진국들은 최고의 호황을 누리고 있었다.

미국 등 서구 선진국들의 넘쳐나는 자금은 투자처를 찾고 있었다. 우리나라는 유동성 위기로 종합주가지수가 280까지 하락했고 달러 당 900원이던 환율은 1950원까지 상승했다. 외국인들에게는 유동성 위기를 겪는 우리나라 기업을 엄청나게 저렴하게 사들일 수 있는 절호의 기회였다. 그 당시 기업의 절대 가치뿐만 아니라 환율까지 고려하면 외국인들에게는 엄청나게 큰 이익을 얻을 수 있는 기회였다. 더구나 기업의 펀더멘털보다 유동성 위기로 주가가 하락했기 때문에 우리나라 주식시장은 그들에게 매력적이었다. 그 결과 1996년 13% 이던 외국인의 국내 주식 보유 비율이 1998년에는 18%로, 2003년에는 40.11%로 높아졌다.

그 후 중국 경제의 성장과 함께 국내 기업들도 호황을 맞았다. 2007년 하반기부터 2008년에 걸친 전 세계 금융 위기를 통해 재벌들은 한 단계 더 성장할 수 있었다. 보통 경제가 어려울 때 가장 힘든 계층은 소득 수준이 가장 낮은 계층이다. 최상위 소득 계층은 경제가 어렵든 좋든 크게 영향을 받지 않는다. 최상위 소득 계층은 언제나 풍부한 자금이 있기 때문에 외부 경제 변수가 그들에게는 큰 위협이 되지 않는다. 이는 기업에도 적용된다. 2007년부터 2009년까지 규모가 작은 경쟁자들이 금융 위기로 시장에서 퇴출되자 재벌들은 시장점유율을 높여갔고 경제가 다시 회복되면서 더 높은 시장점유율로 이전보다 더 많은 부를 쌓았다. 이제는 5대 재벌이 30대 그룹 당기순이익의 97% 이상을 차지할 정도로 경제력의 쏠림 현상이 심해졌다.

요약하자면 우리나라 재벌은 정부가 만든 산물이라고 할 수 있다. 6·25 전쟁으로 아무것도 남지 않은 상황에서 경제개발을 위해 정부는 몇몇 기업에 특혜를 주었으며, 그 특혜를 바탕으로 부를 쌓은 것이 재벌이다. 그리고 그 특혜에는 언제나 정치권과의 연계가 있었기 때문에 정권이 바뀌면 재벌 총수들이 법정에 서서 뇌물죄로 재판을 받는 일이 반복되었다.

재벌이 지금의 모습으로 성장할 수 있었던 것은 재벌 스스로의 힘에 의한 것이 아니다. 대정부 로비를 통해 제한된 투자와 성장 기회를 얻었기 때문에 가능했다. 게다가 가신 경영, 족벌 경영, 문어발식 확장, 정경 유착 등 다양한 형태로 우리 사회에 악영향을 끼쳤다. 이러한 배경 때문에 우리나라 재벌은 늘 여론에 민감하게 반응할 수밖에 없고 국민 앞에 떳떳하지도 당당하지도 못하다. 재벌은 우리나라 경제 발전의 산물이며 우리 사회가 갖고 있는 독특한 형태의 경제 집단이다. 재벌은 이제 영어에서도 하나의 보통명사가 되어서 'chaebol'이라고 쓰고 '재벌'이라고 읽는다.

재벌은 우리나라의 고유한 사회경제적 산물인데, 이와 유사한 형태의 기업집단이 다른 나라에는 없었을까? 우리나라 근대의 역사와 경제에 영향을 가장 많이 미친 미국과 일본은 어떨까? 두 나라 모두 산업혁명을 거치면서 경제 선진국이 되었고 경제개발 초기에는 우리나라의 재벌과 유사한 기업집단이 있었을 것이다. 3장에서는 일본의 재벌에 대해서 살펴보고 우리나라의 재벌과 어떤 차이점이 있는지 알아보자.

일본 재벌의 역사

일본은 아시아에서 유일하게 서구 경제 선진국과 비슷하게 산업혁명을 경험한 나라이다. 일본어로는 재벌(財閥)을 '자이바쓰'라고 읽는다. 일본의 재벌을 이해하려면 제2차 세계대전의 전후로 시기를 나눠서 살펴야 한다. 제2차 세계대전 이전의 일본 재벌은 1868년의 메이지유신으로 거슬러간다.

일본은 메이지유신을 계기로 근대화의 길을 걸었다. 정치적으로 근대화를 이루었으나 경제적으로는 서구 열강의 속국이나 다를 바

없었다. 경제적 독립을 하고 산업혁명을 이룩하기 위해 정부 주도의 경제개발이 시행되었다. 1차적으로 군수 산업과 제철 산업 위주의 성장이 있었다. 이 과정에서 소수의 부호와 메이지유신의 공신들이 부를 축적할 수 있었다. 이때 일본의 3대 재벌인 미쓰이, 미쓰비시, 스미토모가 성장했다. 미쓰이와 스미토모는 에도시대에도 있었지만 미쓰비시는 1870년대에 설립되었다. 미쓰이는 포목업과 환전상으로, 스미토모는 광산업으로, 미쓰비시는 해운업으로 자금을 축적했다.

이들 재벌은 정치권과 깊은 관계를 맺고 정부의 혜택을 받으며 성장했다. 일본의 3대 재벌은 지속적으로 성장했고 특히 제1차 세계대전 전후로 크게 성장했다. 이들은 일본 군부와 강하게 결속한 채 일본의 식민지 진출을 적극 도우면서 자신들의 사업을 확장해나갔다. 일본 내에서 이 3대 재벌의 경제력 집중도는 높아갔다. 〈표 1-5〉를 보면 1896년에 3대 재벌은 주로 광업, 수송 기계, 종이 펄프에 대한 집중도가 높았다. 그러나 제1차 세계대전(1914~1918년) 이후에는 전 산업으로 진출했고 그 집중도도 전 산업에서 골고루 높아졌다. 이는 일본 재벌의 성장이 일본 군부의 식민지 확장과 그 궤를 같이하고 있음을 보여준다.

일본 재벌은 점차 군부와 밀접한 관계를 맺게 되어 정상(政商)이 되었다. 즉, 정치적인 상인이 되어버린 것이다. 이러한 관계에서 제2차 세계대전(1939~1945년)은 일본 재벌이 비약적으로 성장하는 계기가 되었다. 일본 재벌의 경제력 집중이 심해짐에 따라 일본의 정치가 재벌

(단위: 1000엔)

산업	상위 100개 기업의 총자본액				3대 재벌 비율(%)			
	1896	1914	1919	1929	1896	1914	1919	1929
광업	21,930	127,617	369,360	519,500	90.1	64.3	57.1	63.9
금속	1,052	17,523	51,022	95,494	24.5	33.9	46.4	43.2
철강	0	36,367	237,669	275,879		84.5	41.7	51.4
수송기계	2,951	72,736	433,295	537,936	69.7	15.5	30.7	20.9
전기/기계	0	8,798	78,004	188,280		58.5	28.4	28.7
석유	155	42,344	74,349	106,481				
화학	2,361	33,972	121,374	379,371			20.5	13.7
요업	2,067	17,699	47,869	184,947	14.3	21.5	16.6	32.0
종이펄프	3,239	34,570	141,400	481,947	38.0	40.4	41.0	35.8
섬유	40,471	233,072	610,005	1,158,256	8.1	17.3	13.8	14.6
수산/식품	2,910	163,882	356,829	869,128		20.3	17.5	25.0
토목건설	305	0	0	0				
기타	1,628	10,556	28,805	0				
합계	79,069	799,136	2,549,981	4,797,219				

자료: 유지영, 「일본의 기업 집중과 기업 지배 구조」(2004) 참조.

을 컨트롤하던 것이 역전되어 오히려 재벌들이 자신들의 부를 더 축적하기 위해서 정치를 컨트롤했다. 일본 등이 일으킨 제2차 세계대전역시 다양한 원인이 있지만 일본 군부를 컨트롤하던 일본 재벌의 욕심도 일정 부분 원인을 제공했다. 전쟁이 나면 더 많은 물자가 필요하므로 재벌로서는 더 많은 부를 쌓고 기업 지배력을 확장할 수 있는 좋은 기회였다. 일본 재벌의 특징은 주요 재벌에는 각 재벌에 속한 은행이 있다는 것이다. 예를 들어 미쓰비시는 필요한 자금을 미쓰비시은행에서 마련했다. 그러므로 자금 걱정 없이 지속적으로 사업을 확장할 수 있었다.

그러나 제2차 세계대전에서 일본은 패배했고 연합군 총사령부에 의한 군정이 이루어졌다. 당시 연합군 총사령관이던 더글러스 맥아더(Douglas MacArthur)는 일본이 제2차 세계대전을 일으킨 것은 재벌 때문이라고 생각했다. 재벌들이 지속적으로 군수산업을 통해 부를 쌓고 일본 군부에 전쟁 물자를 공급했기 때문에 일본 군부가 지속적으로 전쟁을 수행할 수 있었다고 믿었다. 일본이 다시 전쟁을 일으킬 소지를 제거하기 위해 맥아더는 재벌을 해체하기로 결정했다. 일본 재벌은 첫 번째로 지주회사의 해체, 두 번째로 재벌 가족의 경영권 배제와 기존 경영진의 전면 교체, 마지막으로 주식 소유의 분산이라는 큰 틀 안에서 해체가 진행되었다.

일본 재벌들은 지주회사를 통해 계열사의 지분을 상호 보유하는 순환 출자 고리를 갖고 있었다. 이를 해결하기 위해 지주회사가 소유하는 모든 지분을 '지주회사 정리 위원회'에 이관했다. 지주회사 정리 위원회는 재벌의 지분을 해당 기업의 종업원과 일본 국민에게 매각해 소유권을 분산시켰다. 1947년 1월 공직 추방령에 의해 1945년 9월 2일 이전에 주요한 기업의 공직에 있던 모든 인사들이 재벌 본사 및

산하 기업에서 추방되었다. 이때 추방된 고위 경영자는 약 3600명이 었으며 다시는 재벌 기업에 복귀하지 못하도록 했다.

주식 소유의 분산은 '지주회사 정리 위원회'가 재벌로부터 회수한 지분을 일반 국민에게 경제 민주화라는 명분으로 매각해 자연스럽게 해결되었다. 다소 특이한 점은 금융기관에 많이 매각해 자연스럽게 금융기관들이 재벌의 주주가 됐다는 것이다. 〈표 1-6〉에서 주식 보유 비율을 보면 1945년에는 개인과 비금융기관의 비율이 높았으나 점차 시간이 흐르면서 개인은 비율이 낮아지고 금융기관은 비율이 높아지고 있다.

일본에서 재벌이 해체되었지만 경제가 성장하면서 해체된 재벌들을 모태로 한 기업집단이 다시 생겼다. 일본의 기업집단은 우리나라의 재벌과 유사한 점이 많다. 가장 유사한 점은 같은 기업집단 내의 기업들이 서로 주식을 보유하고 있다는 것이다. 이는 우리나라 재벌의 계열사들이 상호 출자하는 것과 유사하다. 일본은 전후에 순수한 지주회사를 금지했기 때문에 기업 간 상호 주식 보유를 통해 기업집단을 형성했다. 상장 기업은 보통 고객 기업이나 은행들이 주로 지분을 보유했다. 그리고 산업자본과 금융자본이 엄격하게 분리되지 않았으므로 기업집단 안에 은행이 있었고 이들 은행은 자신들의 집단에 소속된 기업에서 자금이 필요하면 융자를 해주었다.

이를 통해 비금융 계열사들은 상대적으로 저리에 자금을 융통할 수 있었다. 은행들은 기업집단 내 정보 접근이 용이해 자신들이 대출

<표 1-6> 개인과 법인의 주식 소유 구조 추이

연도	개인(%)	금융기관(%)	비금융기관(%)	외국인(%)
1945	53.1	11.2	24.6	
1949	69.1	9.9	5.6	
1950	61.3	12.6	11	
1952	55.8	21.8	11.7	1.2
1955	53.4	23.6	13.2	1.7
1960	46.6	30.6	17.8	1.3
1965	45	29	18.4	1.8
1970	40.1	32.3	23.1	3.2
1973	32.7	35.1	27.5	3
1975	33.5	36	26.3	2.6
1980	29.3	38.8	26	4
1985	25.2	42.2	24.1	5.7
1988	22.4	45.6	24.9	4
1989	22.6	46	24.8	3.9
1990	23.1	45.2	25.2	4.2
1995	23.6	41.4	23.6	9.4
2000	26.3	37	22.2	13.2

자료: 유지영, 「일본의 기업 집중과 기업 지배 구조」(2004) 재인용.

한 자금의 리스크를 쉽게 확인하고 측정할 수 있었다. 게다가 은행들은 대출받은 같은 기업집단 내의 회사로 임원을 파견함으로써 대출받은 기업들의 경영 성과를 감시 감독할 수 있어 견제도 하며 계열사들과의 결속력도 다졌다.

동시에 기업집단에서는 일반적으로 각 기업의 사장들이 사장회를 만들어서 기업집단의 주요한 의사 결정을 했다. 일본의 대기업에서도 소유와 경영이 일치된 사례가 목격되기는 하나 많은 경우 소유권이 있는 지배주주는 경영 일선에서 물러나고 각 기업의 전문 경영인과 은행에서 파견한 임원들이 경영을 주도하고 있다. 일본 재벌도 우리나라 재벌처럼 정부와의 밀접한 관계를 통해 시작됐다. 그러나 제2차 세계대전 이후 재벌이 해체되면서 지배주주 대신 전문 경영인과 은행에서 파견된 임원들이 경영하면서 지배 구조의 투명성을 높여왔다. 그리고 그 안에서 일본 기업집단의 중추적인 역할을 하는 은행, 즉 주거래은행이 중요한 역할을 했고 계열사 간에 이해 충돌이 발생하면 사장회를 통해 이해관계를 조율하고 있다.

미국 재벌의 역사

미국의 자본주의는 우리나라의 자본주의보다 그 역사가 길다. 미국 재벌의 역사를 이해하기 위해서는 일본처럼 1800년대 후반기로 거슬러 가야 한다. 미국의 역사는 남북전쟁 이후와 이전으로 구분할 수 있다. 남북전쟁 이전에는 연방을 구성하는 각각의 주가 느슨한 정치, 경제의 고리에서 개별 국가처럼 행동했다. 그러므로 남북전쟁 이전의 미국 기업들의 사업 영역은 주 단위를 벗어나지 못했으며 규모도 영세했다. 그러나 남북전쟁이 끝난 후 미국은 강력한 연방제 국가가 됐으며 각 주가 하나의 국가 구성원으로서의 역할을 하면서 전국 규모의 시장에서 사업을 하는 거대 기업들이 생기기 시작했다.

1873년부터 1890년까지 미국 기업들은 극심한 불황을 경험했다. 같은 시기에 지속적인 기술 혁신으로 대량생산을 할 수 있는 잉여 생산력을 보유하게 되었지만 불황으로 이를 판매할 수 없었다. 몇몇 기업은 생존을 위해 인수 합병을 했고 이를 통해 시장 지배력을 늘려갔다. 불황으로 도산되는 기업들도 자연히 이러한 거대 기업들이 인수했다.

이 당시 인수 합병에서 가장 중요한 것은 투자은행의 역할이었다. 투자은행은 매수자와 매도자를 중개하면서 매수자를 위한 자금 중개도 했다. 인수 합병을 하기 위해 매수자는 거액의 자금이 필요했고 은행들은 인수 합병을 중개하면서 거액의 인수 자금을 매수자에게 대출하거나 대출을 알선했다. 당시 유명했던 금융기관이 제이피 모건이며 금융회사에 만족하지 않고 다른 산업으로 손길을 뻗쳤다. 유에스 철강을 인수하고 지속적인 인수 합병을 통해서 초대형 철강회사로 성장시킨 것이 대표적인 사례다.

이러한 사회 분위기 속에서 산업별로 수평적 결합이 나타나 기업을 거대화했다. 이를 트러스트(Trust)라고 한다. 트러스트는 수평적인 시장의 확대를 통해 산업의 독점적 지배력을 강화한 것이다. 예들 들어, 원유 기업이라면 소규모의 원유 회사를 지속적으로 인수 합병해 원유업에서 독점적 지위를 유지하려고 한 것이다. 1890년대 들어 이들의 거대 독점이 경쟁을 제한하면서 사회 문제를 야기했다. 예를 들어 록펠러(John Davison Rockefeller)가 이끄는 스탠더드 오일(엑슨의 전신)은 1880년대에 미국 원유 공급의 80%를 차지하고 있었다. 이 과정에서 스탠더드 오일은 중소 원유 회사들을 도산으로 몰고 막대한 부를 쌓았지만 그 직원들은 열악하기 그지없는 처우를 받았다.

1904년 아이다 타벨(Ida Minerva Tarbell)이라는 여기자의 노력으로 스탠더드 오일의 부정한 모습이 일반 대중에게 알려졌다. 거대 자본의 폐해를 미국의 정치인들과 국민이 인식하고 이를 바로잡고 싶어 했다. 이를 계기로 1890년 독점금지법(Sherman Anti-Trust Act, 셔먼법)이 제정되었고 1914년에 이를 보완하고 강화한 클레이턴법(Clayton Act)이 제정되었다. 이 법을 근거로 스탠더드 오일과 듀폰이 여러 개의 회사로 분할되었다.

그러나 인간의 욕심은 끝이 없어서 새로운 방식으로 기업의 규모를 키우려는 시도가 있었다. 셔먼법으로 수평적인 결합을 통해 시장에서 독점적 지위를 얻는 길이 막히자 많은 기업이 지주회사를 통해 사업을 다각화했다. 거대 기업은 이런 방법으로 식품, 담배 같은 생활필수품부터 오일, 화학, 기계 같은 중공업 분야까지 범위를 가리지 않고 기업의 외형을 키웠다.

제2차 세계대전 후에 미국 기업들은 국내 시장에만 머물지 않고 적극적으로 해외에 진출했다. 이를 통해 해외에 공장을 설립하고 유통망을 만들었으며 현지의 기업들을 인수했다. 이를 통해 미국의 기업들이 현재의 모습을 갖추게 되었다.

미국 재벌의 소유와 경영의 분리는 역설적으로 기업의 규모가 커지면서 발생했다. 1880년대 이전에도 대기업이 있었지만 당시에는 소유와 경영이 분리되지 않은 기업이 많았다. 그러나 1880년대 이후 적극적으로 인수 합병을 하는 과정에서 많은 기업이 추가 자본이 필요했다. 상대적으로 자본시장이 잘 발달된 미국은 대주주들이 주식시장에서 자본을 마련하면서 자연스럽게 대주주의 지분이 분산되었다. 즉, 너무 큰 기업을 자신이 보유한 자본만으로는 인수할 수 없었기 때문에 제3자가 인수에 참여하게 되었으며 이 과정에서 자연스럽게 주식 분산 효과가 나타나게 되었다.

이와 맞물려 소유 경영인보다 전문 경영인이 경영 전반에 등장하게 되었다. 게다가 창업주들은 경영을 하는 대신 은퇴해 활발한 사회사업을 함으로써 소유 경영자로서 사회적으로 많은 비난을 받은 것을 사회적 책임을 다하면서 해소해나갔다. 이의 대표적인 예로 카네기(Andrew Carnegie)를 들 수 있다. 자신의 철강 회사를 당시 5억 8000만 달러에 제이피 모건에 매각한 후 그 자금을 바탕으로 미국 내에 2800여 개, 해외에 800여 개의 도서관을 지어주었다. 문화 활동을 할 수 있는 장소를 도시마다 만들어주고 교육 사업에 헌신한 것이다.

문서로 정확성을 확인할 수는 없지만, 미국의 재벌들도 초기에는 성장을 위해 계열사 간의 순환 출자를 고려했을 것으로 보이는데 이 부분에 큰 비중을 두지는 않은 것 같다. 자본시장이 상당히 잘 발달되어 있어서 내부 자본시장을 이용할 동기가 낮았을 것으로 추측한다. 그리고 자신들의 부를 후세에 물려주고 싶었겠지만 우리나라의 재벌들이 사용하는 방법과 같은 상속 사례는 찾을 수 없었다. 그 이유는 세금을 철저히 징수하는 시스템이 정착된 데다 상속에 따른 세금이 당시에도 높아 상속이 많지 않았을 것으로 추측한다. 이러한 측면 때문에 미국의 재벌은 시간이 지나면서 지배주주로서의 지위도 잃고 상속하는 과정에서 막대한 지분을 상속세로 납부했을 것으로 추정한다. 이러한 이유로 주식을 상속하기보다 기부하는 것이 더 값진 일이라고 생각했을 것이다.

02 소유 경영인 VS 전문 경영인

우리나라의 기업 경영은 회사의 이름이 곧 사람의 이름과 동일시된다. 예를 들어, 현대자동차 하면 정몽구 회장을, 반대로 정몽구 회장 하면 현대자동차를 떠올리고, 최태원 회장 하면 SK를, 반대로 SK 하면 최태원 회장을 떠올린다. 기업의 지분을 일부만 가진 주주가 곧 그 기업의 주인이라는 인식이 우리 사회에는 뿌리 깊게 박혀 있다.

실제 앞에서 언급한 그룹의 총수들은 자신들이 지배하는 기업의 주식을 50%도 갖고 있지 않으면서도 100%를 갖고 있는 것처럼 행동하는 것을 많이 보아왔다. 대표적으로 SK의 최태원 회장은 SK 계열사 자금 450억 원을 횡령한 혐의로 2013년 징역 4년을 선고받고 복역하다 2015년 8월에 출소했고 지금은 다시 SK 회장의 역할을 수행하고 있다.

만약 A라는 기업에서 일반 직장인이 450억 원의 회삿돈을 횡령했다면 어떻게 되었을까? 1차적으로 법의 심판을 받아 횡령죄로 수감 생활을 할 것이고, A회사는 그 직원을 상대로 민사상 손해배상 소송을 제기해 회사의 피해를 최소화하려고 노력할 것이다. 그리고 만약 그 직원이 출소해서 다시 A회사에 입사 지원을 하거나 복직 신청을 한다면 A회사는 이를 받아줄까? 절대 받아주지 않을 것이다. 그러나 최태원 회장은 오히려 재판 중에 SK의 임직원들이 최 회장의 경제에 대한 기여를 감안하고 최 회장이 없으면 경영 공백이 생겨서 SK뿐만 아니라 국가 경제에 악영향을 준다고 법원에 선처를 호소했다. 그리고 출소 후에는 다시 SK 회장으로 복귀해 예전보다 더욱 활발한 경영 활동을 하고 있다.

과연 제대로 된 기업이라면 아무리 능력이 출중할지라도 도덕성에 문제가 있는 전임 임원을 다시 복직시키고 동일하게 중대한 직책을 맡겼겠는가? 상식선에서는 불가능한 일이다. 그러나 이러한 불가능한 일이 지금 우리나라에서 일어나고 있다. 이러한 일이 일어나는 데에는 여러 가지 이유가 있고, 그중 하나가 소유 경영인이 전문 경영인보다 회사의 성과를 높이는 데 더 유효하다고 믿는 경향이 있기 때문이다.

소유 경영인과 전문 경영인의 장단점

경영학을 배웠거나 경제 신문을 읽어본 사람은 늘 기업의 지분을 소유하고 있는 소유 경영인, 즉 소유 경영자의 기업 운영에 대한 성과와 기업에 대한 소유 지분은 없지만 경영에 대한 전문 능력을 보유한 전문 경영인의 성과 사이에 일어나는 논쟁을 많이 보았을 것이다.

위의 주제는 경영학과 1학년 경영학 원론 수업 시간에 단골로 등장하는 주제이다. 소유 경영인을 옹호하는 쪽에서는 소유와 경영이 일치하므로 큰 위험이 동반되는 장기적인 투자를 뚝심을 갖고 추진할 수 있기 때문에 장기적인 기업 성과에서 소유 경영인에게 장점이 있다고 주장한다. 소유 경영인의 단점으로는 전문적인 경영 역량이 부족할 수 있다고 주장한다.

반면에 전문 경영인을 옹호하는 쪽에서는 기업 운영의 전문성이 있으므로 소유 경영인보다 경영을 더 잘할 수 있다고 주장한다. 단점은 전문 경영인의 임기가 3년 정도로 비교적 짧아서 임기를 지속적으로 연장하려는 욕구 때문에 단기적인 손실이 나더라도 장기적으로 더 많은 경영 성과를 낼 수 있는 의사 결정을 잘하지 않는다는 점이다. 그러므로 단기적인 수익 창출에만 급급해 장기적인 안목으로 경영할 수 없다는 것이다.

소유 경영인의 장점을 언급할 때 가장 자주 거론되는 사례는 삼성 이병철 회장이 수행한 반도체 사업이다. 삼성은 내수에 치중한 사업을 하고 있었지만 과감한 결단력과 미래를 보는 안목으로 모두가 반대하는 반도체 사업을 영위해 현재의 삼성전자를 만들었다고 이야기한다. SK 역시 소유 경영인의 결심으로 2012년에 하이닉스를 인수해 현재는 분기 영업이익 3조 원 이상을 창출하는 기업으로 만들었다. 이 외에도 소유 경영인이 높은 사업 위험을 무릅쓰고 장기적으로 사업을 추진해 성공한 사례는 많다.

반대로 모두 반대하는 사업을 소유 경영인이 강행하면서 실패한 사례는 없을까? 삼성의 이건희 회장은 1990년대 초 많은 사람이 반대하는 자동차 사업에 뛰어들었다가 1999년 6월 법정 관리를 신청했다. 당시 삼성은 2조 원이 넘는 손실을 보고 자동차 사업에서 철수했다. 이 외에도 소유 경영인이 자신의 뜻대로만 경영하는 바람에 회사를 위기로 몰아간 사례를 많이 찾아볼 수 있다. 한때 국내 재계 서열 4위였던 쌍용은 자동차 사업을 지속하다 외환위기를 맞아 공중분해되었다. 현대와 재계 서열 1, 2위를 다투던 대우 또한 소유 경영인의 잘못된 판단으로 외환위기 당시 그룹이 공중분해되었다.

국내 기업 사례에서 소유와 경영이 분리된 상태에서 기업을 이끈 대기업의 사례는 적다. 그러나 POSCO 사례를 보면 POSCO는 2000년 완전 민영화된 후 전문 경영인인 6대 이구택 회장(2003~2009년) 체제에서 유례없는 외형 성장과 이익 성장을 누렸다. 신한금융지주 역시 경영권과 관련한 잡음이 있었으나 소유와 경영을 분리하고 전문 경영인이 경영해 현재는 국내 최고의 금융기관으로 자리매김했다. 이처럼 소유 경영인과 전문 경영인을 비교해 소유 경영인이 경영 성과를 창출하는 데 더 우월하다고도 덜 우월하다고도 볼 수 없다. 소유 경영 인이 경영을 하든, 전문 경영인이 경영을 하든 큰 상관은 없을 것이 다. 핵심은 기업 가치를 높인다는 목적에 부합하게끔 얼마나 합리적 으로 경영을 하느냐는 것이다.

국내 기업의 소유와 경영 분리 현황

단기적인 경영 성과만을 보고 기업을 경영한다면 그 기업은 미래 가 없을 것이다. 합리적이고 경영 역량이 뛰어난 전문 경영인이라면 단기 성과와 장기 성과가 조화를 이루도록 경영할 것이다. 그러면 임 기의 재연장도 경영 성과를 지속적으로 유지할 때까지 가능할 것이 다. 그러므로 소유 경영인이 장기적으로 더 우세하다고 말할 수 없는 것이다. 오히려 글로벌 기업들과 비교해서 우리나라 기업들의 소유 와 경영이 분리되지 않은 것이 좀 더 특이하게 생각될 수 있을 것이다.

〈표 2-1〉은 공정거래위원회에서 2017년에 발표한 상호 출자 제한 기업집단 현황이다. 즉, 자산 규모 10조 원 이상의 기업집단, 다시 말 해 주로 재벌의 재계 순위이다. 아래의 31개 재벌 중에 소유와 경영 이 분리된 기업은 POSCO, 농협, KT, 대우조선해양, KT&G이다. POSCO, 농협, KT는 과거 공기업에서 민영화되면서 실질적으로 지

〈표 2-1〉 2017년 상호 출자 제한 기업집단 지정 현황

(단위: 조 원)

순위	기업집단	동일인	자산 총액
1	삼성	이건희	363.2
2	현대자동차	정몽구	218.6
3	SK	최태원	170.7
4	LG	구본무	112.3
5	롯데	신격호	110.8
6	POSCO	POSCO	78.2
7	GS	허창수	62.0
8	한화	김승연	58.5
9	현대중공업	정몽준	54.3
10	농협	농업협동조합중앙회	50.8
11	신세계	이명희	32.3
12	KT	KT	32.1
13	두산	박용권	30.4
14	한진	조양호	29.1
15	CJ	이재현	27.8
16	부영	이충근	21.7
17	LS	구자홍	20.7
18	대림	이준용	18.4
19	금호아시아나	박삼구	15.6
20	대우조선해양	대우조선해양	15.3
21	미래에셋	박현주	15.2
22	S-OIL	S-OIL	14.0
23	현대백화점	정지선	13.4
24	오씨아이	이수영	11.8
25	효성	조석래	11.5

26	영풍	장형진	11.0
27	KT&G	KT&G	10.8
28	한국투자금융	김남구	10.7
29	대우건설	대우건설	10.7
30	하림	김홍국	10.5
31	KCC	정몽진	10.5

자료: 공정거래위원회, 2017년 5월 1일 보도 자료 참조.

배하는 대주주가 없는 상황이다. 그러나 위의 기업들의 주요 주주는 국민연금이고 정부가 국민연금의 의사 결정에 직간접으로 영향을 미칠 수 있기 때문에 정부의 눈치를 보면서 경영을 해 어떤 정권이 집권하는지에 따라 경영 성과가 큰 폭으로 변동될 수 있는 기업들이다. 대우조선해양은 현재 산업은행이 대주주로 있는 기업으로 사실상 정부의 영향력을 받는 기업이다. 최근에 대우조선해양의 많은 비리와 경영진과 직원의 도덕적 해이로 4조 원이 넘는 공적 자금을 투입하면서 사회적인 이슈가 되었다.

일부 언론에서는 대우조선 사태를 주인 없는 기업이기 때문에 발생한 필연적인 문제라고 지적하기도 했다. 그러나 대우조선해양의 문제는 산업은행이라는 대주주와 기타 주주들이 이사회를 통해서 기존 경영진의 경영을 감시하고 평가하는 기능이 제대로 작동하지 않아서 생긴 것이지 지배주주가 없어서 생긴 것이라고 단정적으로 말할 수 없다. 주인이 없어서 생긴 문제라면 POSCO, KT, 농협, KT&G 등에서도 유사한 문제가 발생해야 하는데 그렇지 않았기 때문이다.

결과적으로 국내 주요 31개 대기업 중에서 소유와 경영이 분리되었다고 말할 수 있는 곳은 5군데이며 나머지 26군데(약 84%)는 지분 일부를 소유하는 소유 경영인이 경영하고 있다.

해외 기업의 소유와 경영의 분리 현황

해외 기업들도 국내 기업들처럼 대주주가 지분의 일부를 갖고 경영을 하는 것이 일반적인 사례인지 2017년 ≪포천(Fortune)≫지가 발표한 미국 내 톱 15 기업을 통해 살펴본다. 월마트, 버크서 해서웨이, 아마존닷컴을 제외하고 나머지 12개 기업에는 우리나라에서 소위 '오너(Owner)'라고 부르는 대주주가 존재하지 않는다. 15개 기업 중 12개 기업(80%)은 일반 기관 투자가들이 대주주이며 전문 경영인이 경영을 맡고 있다.

포천에서 제공하는 글로벌 기업 톱 15에서도 월마트, 폭스바겐, 버크서 해서웨이, 삼성전자, 스테이트 그리드, 시노펙그룹, 중국석유천연가스집단 등 6개 기업을 제외하면 9개 기업의 주요 주주는 기관 투자가들로 구성되어 있다. 중국 국영 기업을 제외하면 15개 기업 중 4개 기업에서만 대주주가 경영에 영향력을 행사하고 있다. 그 4개의 기업 중에 삼성전자만 대주주가 지분 20% 이하로 낮으면서 경영권을 행사하고 있다.

(단위: 조 원)

순위	기업	주주 구성	CEO	매출액
1	Walmart	내부 이해 관계자 (51.3%)	Douglas McMillon	533.5
2	Berkshire Hathaway	내부 이해 관계자 (41.3%)	Warren Buffett	245.3
3	Apple	내부 이해 관계자 (0.03%)	Timothy Cook	236.5
4	Exxon Mobil	내부 이해 관계자 (0.13%)	Darren Wood	225.5
5	Mckesson	내부 이해 관계자 (0.29%)	John Hammergren	211.2
6	UnitedHealth Group	내부 이해 관계자 (1.62%)	Stephen Hemsley	202.4
7	CVS Health	내부 이해 관계자 (0.23%)	Larry Merlo	194.7
8	General Motors	내부 이해 관계자 (4.66%)	Mary Barra	182.6
9	AT&T	내부 이해 관계자 (0.05%)	Randall Stephenson	179.3
10	Ford Motor	내부 이해 관계자 (0.31%)	James Hackett	166.1
11	AmerisourceBergen	내부 이해 관계자 (5.53%)	Steven Collis	160.6
12	Amazon.com	내부 이해 관계자 (17.82%)	Jeffrey Bezos	148.5
13	General Electric	내부 이해 관계자 (0.05%)	David Joyce	138.6
14	Verizon	내부 이해 관계자 (0.01%)	Lowell McAdam	137.5
15	Cardinal Health	내부 이해 관계자 (0.20%)	George Barrett	133.1

자료: Fortune.com, Fortune 500 list 참조. 기준 환율: 달러당 1100원

〈표 2-3〉 Global 매출 규모 톱 15 기업 현황

(단위: 조 원)

순위	기업	주주 구성	CEO	매출액
1	Walmart	내부 이해 관계자 (51.3%)	Douglas McMillon	533.5
2	State Grid	중국 정부	Shu Yinbiao	346.5
3	Sinopec Group	중국 정부	Fu Chengyu	293.7
4	China National Petroleum	중국 정부	Wang Yilin	288.2
5	Toyota Motor	기관투자가들	Takeshi Uchiyamada	279.4
6	Volkswagen	Porsche (30.8%)	Matthias Mueller	264.0
7	Royal Dutch Shell	기관투자가들	Ben van Beurden	264.0
8	Berkshire Hathaway	내부 이해 관계자 (41.3%)	Warren Buffett	245.3
9	Apple	내부 이해 관계자 (0.03%)	Timothy Cook	236.5
10	Exxon Mobil	내부 이해 관계자 (0.13%)	Darren Wood	225.5
11	MeKesson	내부 이해 관계자 (0.29%)	John Hammergren	217.8
12	BP	기관투자가들	Robert Dudley	204.6
13	UnitedHealth Group	내부 이해 관계자 (1.62%)	Stephen Hemsley	202.4
14	CVS Health	내부 이해 관계자 (0.23%)	Larry Merlo	194.7
15	삼성전자	내부 이해 관계자 (18.46%)	권오현, 윤부근, 신종균	190.3

자료: Fortune.com, Fortune Global 500 list 참조. 기준 환율: 달러당 1100원.

위의 사실들을 바탕으로 우리나라의 대기업 집단이 미국이나 전
세계의 대규모 기업들에 비해 과도한 비율로 소유 경영인이 직접 경
영하고 있다는 것을 알 수 있다. 서두에서 이야기한 것처럼 소유 경영

인이 유리하고 장점이 많다면 글로벌 기업이나 자본주의가 가장 잘 발달되었다고 여겨지는 미국에서 소유 경영인이 경영 활동에 활발히 참여하는 것이 목격되어야 할 것이다. 그러나 현실은 그렇지 않다. 이는 소유와 경영의 일치가 비효율적인 문제를 야기할 수 있음을 간접적으로 말하는 것이라고 볼 수 있다. 소유와 경영이 분리되면 단기 성과에 치중할 수 있다는 단점을 제도적으로 보완했거나, 최소한 그러한 단점이 소유와 경영의 일치로 생기는 단점보다 작기 때문이라고 할 수 있다.

주주와 채권자의 대리인 비용

소유와 경영의 일치가 가장 효율적인 운영 방식이라면 국내 기업들 중 상당수는 글로벌 기업으로 성장했거나 규모가 작더라도 효율적인 운영으로 높은 이익률을 실현했을 것이다. 그러나 삼성전자를 제외한 우리나라의 대기업들이 글로벌 기업들과 견주어서 더 높은 이익을 실현하거나 규모 면에서 더 크게 확대된 사례는 찾아보기 어렵다. 엄밀히 말해 기업의 전체 지분 중 일부만 소유하는 주요 주주가 회사의 지분을 100% 소유한 것처럼 하는 경영 활동이 비효율을 발생시킨다고 볼 수 있다.

그 비효율의 원천을 대리인 비용에서 찾을 수 있다. 대리인 비용이

투자 결과	확률(%)	투자 비용	예상 수익	투자 이익	기대 수익 값
성공	10	10,000	100,000	90,000	10,000
실패	90		-50,000	-60,000	-45,000
합계	100				-35,000

〈표 2-5〉 투자안 B

(단위: 원)

투자 결과	확률(%)	투자 비용	예상 수익	투자 이익	기대 수익 값
성공	90	10,000	15,000	5,000	13,500
실패	10		-5,000	-15,000	-500
합계	100				13,000

발생하는 근본적인 이유는 행동하는 주체와 그 행동으로 책임지는 주체가 다르기 때문이다. 일반적으로 대리인 비용은 주주와 채권자의 이해관계 상충을 의미한다. 만약 아래와 같은 두 개의 투자안이 있다고 가정하자. 당신이 주주라면 어떤 안을 선택하겠는가? 투자할 수 있는 자본은 동일하게 1만 원이며 기업의 부채는 7만 원이라고 가정하자.

투자안 A는 투자 비용은 1만 원이고 성공 시 10만 원의 예상 수익이 기대되지만 성공 가능성은 10%로 낮다. 결과적으로 투자안 A의 기대 수익은 -3만 5000원이다.

반면에 투자안 B는 동일하게 투자 비용은 1만 원이고 성공 시 예상 수익은 1만 5000원으로 상대적으로 수익이 적지만 성공 확률은

90%이다. 결과적으로 투자안 B의 기대 수익은 1만 3000원이다.

이러한 두 개의 투자안을 놓고 선택해야 한다면 주주인 당신은 어떤 안을 선택하겠는가? 대부분은 A를 선택한다. 기업 전체적인 관점에서 본다면 B는 기대 수익이 1만 3000원으로 투자 비용보다 높다. 그러나 주주의 시각에서 본다면 이미 7만 원의 부채가 있기 때문에 B가 성공해도 주주에게 돌아오는 몫은 없다. 오히려 A가 성공한다면 주주에게 부채 7만 원을 상환해도 3만 원이 남는다. 그러므로 주주들은 A의 기대 수익이 음수이며 기업 가치를 훼손시키지만 오히려 시도해볼 만한 가치가 있다고 생각한다.

그러므로 주주는 전체적인 기업 가치에 반하는 의사 결정을 하게 된다. 채권자도 동일하게 기업의 청구권자로서의 권리가 있지만 투자 의사 결정에서 배제되기 때문에 이러한 위험 상황에 놓일 수 있게 된다. 이러한 사례들은 실제 기업 활동에서 자주 목격하게 된다. 자금이 부족하거나 회생 가능성이 낮은 기업일수록 고위험 고수익 투자 대상을 찾게 되고 그러한 투자가 매력적으로 보이게 된다. 이는 우리가 일상생활에서 복권을 사는 심리와 유사하다고 할 수 있다. 가능성은 낮지만 일단 그 가능성이 현실이 되면 엄청난 수익이 따르기 때문에 많은 사람이 당첨이 안 될 줄 알면서도 복권을 구입하게 되는 것이다.

주주와 경영자의 대리인 비용

　주주와 채권자만큼이나 오랫동안 연구되고 이야기되어온 분야가 주주와 경영자의 대리인 비용이다. 경영에 대한 전문 지식과 경험이 없는 주주들이 자신들의 권리를 경영 경험이 많은 사람에게 위임한다. 그러한 위임 과정에서 경영자와 주주 간의 이해가 상충한다.

　주주는 경영자들이 주주의 이익을 위해 행동하기를 바라지만 경영자는 주주의 이익보다는 자신의 이익을 위해 행동하는 경향이 있다. 대표적으로 경영자가 스스로에게 과도한 급여를 지급하거나 경영자가 회사의 업무를 할 때 비용 절감보다 자신의 품위 유지를 위해 과도한 비용을 사용하는 것 등을 예로 들 수 있다. 출장을 갈 때 비즈니스석을 이용해도 충분하지만 늘 일등석을 고집하거나 최고급 호텔에 묵고 최고급 식당에서 식사하는 경우가 대표적이다.

　이러한 대리인 비용을 최소화하기 위해 주주들은 경영자들의 급여를 주주의 성과인 주가에 연동해 스톡옵션(stock option)을 부여하거나 기본급을 낮추고 목표한 경영 성과를 달성하면 보너스를 더 많이 주는 급여 체계를 설정한다. 기존의 경영진을 견제하기 위해 이사회의 이사와 감사를 주주들이 선임해 기존 경영진이 신의 성실의 의무를 다하고 선량한 관리자로서 기업을 경영하는지 감시하고 확인한다. 현실적으로 소유와 경영의 분리에서 오는 대리인 비용에 대한 많은 연구와 보완 덕분에 대리인 비용이 실제로 발생하지만 그 비용의 규모나 발생 가능성을 많이 줄이는 제도를 서구 기업들은 도입해왔다.

서구에서는 이러한 장치들이 대주주와 소액 주주 사이의 대리인 비용보다 더 적은 규모로 발생한다고 믿어왔다. 그 결과 일정 규모 이상인 서구의 상장 기업은 우리나라처럼 대주주가 존재하거나 오너가 존재하지 않는데도 효율적인 경영을 통해 세계적인 회사로 성장해나가고 있다. 이에 대한 파생 효과로 서구에서는 CEO 등 C 레벨 경영자들의 재취업 시장도 발달되어 이들이 더욱더 유능한 경영진으로서 기업의 효율을 높이고 가치를 높이는 데 힘쓰게 하는 바탕을 마련해주고 있다.

대주주와 소액 주주의 대리인 비용

대리인 비용은 행동하는 주체와 이에 대한 결과를 책임지는 주체가 달라지면 언제든 발생할 수 있는 비용이다. 주주와 채권자뿐만 아니라 주주 간에도 발생하게 된다. 주주 간에 발생하는 대리인 비용은 대주주와 소액 주주 사이의 대리인 비용을 대표적으로 꼽을 수 있다. 대주주와 소액 주주의 이해관계가 다를 수 있기 때문에 발생하는 문제이다. 기업에서 일반적으로 대주주가 경영한다면 회사의 내용에 대해 대주주는 소액 주주보다 정보의 우위에 있다. 그리고 의사 결정에서도 대주주가 마치 100%의 주주인 양 의사 결정을 할 수가 있다.

이러한 상황에서 발생하는 대주주와 소액 주주의 대리인 비용은 우리나라의 재벌이 갖고 있는 문제라고도 할 수 있다. 예를 들어 A라는 기업에 신규 투자안이 있다고 가정하자. 이 투자안은 성공 가능성이 매우 높다. 이때 대주주가 기업의 자금으로 투자하지 않고 대주주 본인의 자금으로 회사를 새로 설립해 투자한다면 이 투자안의 과실은 전부 대주주가 가져간다. 즉, 소액 주주와 채권자도 같이 향유해야 할 투자의 이익을 대주주가 독식하게 되는 결과이다.

다른 예로 대주주는 회사의 경영에 심대한 영향력을 미친다. 심대한 영향력이라 함은 투자 의사 결정뿐만 아니라 주요 임원이나 직원들의 인사권까지 갖고 있다는 것이다. 그러므로 대주주 본인이 원하는 사람, 혹은 자신의 입맛에 맞는 사람들로 경영진을 구성할 수 있다. 그럴 경우 선임된 경영진은 인사권이 있는 대주주의 눈치를 보게 되고 기업 전체를 위한 선량한 관리자로서의 의무보다는 대주주가 부를 축적할 수 있도록 하는 데 시간을 할애하고, 그런 방향으로 의사결정을 하게 될 개연성이 크다.

예를 들어, 〈그림 2-1〉과 같이 기업의 지분을 갖고 있는 대주주가 있다고 가정하자. 기업 A는 사무용품을 기업 B에서 구입하는 계약을 체결하고 구입해왔다고 가정하자.

〈그림 2-1〉의 경우 대주주가 기업 A에 있는 경영진에게 영향력을 발휘해 〈그림 2-2〉처럼 사무용품 구매 거래처를 변경할 수 있다. 1단계로 대주주는 자신이 100% 투자한 기업 C를 설립하고 기업 C와 기

〈그림 2-1〉 변경 전 거래 구조도

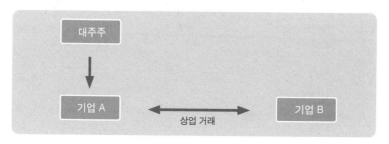

업 A가 거래하도록 기업 A에 영향력을 행사한다. 이 경우 기업 A와 기업 C 간의 거래가 공정하면 큰 문제가 발생하지 않을 수도 있으나 기업 A와 기업 C 간의 거래는 기업 C에 유리한 불공정 거래가 될 개연성이 크다. 즉, 기업 A는 기업 B에서 사무용품을 구입하는 것보다 더 비싼 가격, 혹은 같은 가격이지만 품질이 더 낮은 물품을 〈그림 2-2〉처럼 기업 C에서 구매하는 경우가 발생한다. 이런 거래에서도 역시 대주주와 소액 주주 간의 대리인 비용이 발생하는 것이다.

대주주는 가급적이면 자신이 일부의 지분만 보유한 기업에서 자신이 보유한 지분 이상으로 이익을 취할 수 있는 시도를 할 유인이 존재한다. 예를 들어 한진그룹은 조양호 회장뿐만 아니라 그 자녀들까지 전부 경영에 참여시켜서 한진그룹에 투자한 자신의 지분보다 더 많은 이익을 임금이라는 다른 수단을 통해 회수하려고 한다.

한진그룹에서 '한진'의 주요 경영진에는 조양호 회장과 그 자녀인 조원태가 이사로 등재되어 있다. 한진그룹의 계열사인 대한항공에도

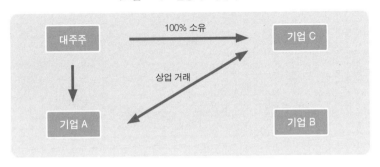

〈그림 2-2〉 변경 후 거래 구조도

100% 소유

대주주 ──────────────▶ 기업 C

상업 거래

기업 A ◀──────────▶ 기업 C

기업 B

조양호 회장, 조원태, 조현민이 임원으로 되어 있다. 실제 조원태(1976년생)는 어린 나이이고 경력이 다른 임원에 비해 짧은데도 한진그룹의 주요 계열사에서 임원으로 중요한 임무를 수행하고 있다. 그가 다른 임원에 비해서 상대적으로 어린데도 다른 임원에게 뒤지지 않는 뛰어난 경영 능력이 있다면 문제가 될 것이 없다. 그가 상대적으로 어린 나이에 임원이 된 것은 그의 검증된 경영 능력 측면도 존재하겠지만 그의 아버지가 한진그룹에 영향력을 행사하는 대주주라는 측면도 무시할 수 없을 것이다.

그는 한진의 주요 계열사에 임원으로서 노동력을 제공하고 그에 상응하는 급여를 받고 있다. 전문 경영인이 그처럼 두 회사 혹은 세 회사에서 겸직하기는 현실적으로 어려운 일이다. 이러한 일들이 발생하는 것 역시 대주주와 소액 주주 사이의 대리인 비용으로 볼 수 있다. 이렇듯 우리나라 대기업들이 소유와 경영을 분리하지 않으려는 이유는 기업의 가치를 성장시키고 그 성장의 과실을 나머지 주주들과 동등하게 배분하지 않으려는 이기심의 발로라고 볼 수 있다. 그리고 그 이기심을 실행하는 데 최소한의 제약을 받는 것은 주주와 채권자, 주주 간의 대리인 비용에 대해서 법률로 명확하게 규제하기 어렵고 실제 모든 거래의 이면의 실질을 증명하기 어렵기 때문이다.

의사 결정을 옆에서 같이 해주는 임원들 역시 대주주의 입맛에 맞는 사람이 선임되는 경우도 많다. 그렇게 선임된 임원들은 전체 주주의 이익을 위하고 기업의 선량한 관리자로서 경영을 할 의무보다는 대주주의 눈치를 볼 개연성이 크다. 현행 법 제도상 선량한 관리자로서 주의 의무가 모호한 부분이 있어서 도의적 측면에서 선량한 관리자로서의 의무를 행하지 않는 경영진을 찾아내고 그들에게 그 행동의 결과를 묻기에는 어려움이 있다.

03 일감 몰아주기

　최근 정권이 바뀌고 나서 재벌이 기업 장악력을 통해 특정 회사에 일감을 몰아주는 관행이 이슈가 되고 있다. 재벌의 일감 몰아주기는 어제오늘의 일이 아니다. 2000년대 초반부터 참여연대 등 각종 시민 단체는 재벌의 일감 몰아주기를 비판해왔다. 그러나 과거 정부들의 정책 기조가 대부분 친기업 성향이어서 이 부분을 크게 문제 삼지 않았다.

　시민 단체들이 재벌의 일감 몰아주기 관행을 지적할 당시에는 관련 법규가 미비해 마땅한 처벌이나 제재를 할 수 없었다. 그러나 시민 단체들의 꾸준한 문제 제기와 사회적 공감대 형성을 통해 재벌의 일감 몰아주기를 방지하거나 제재할 수 있는 법령들이 제정되어왔다.

그러나 여전히 법의 틈새가 많아 재벌의 일감 몰아주기는 독자가 이 책을 읽는 이 시간에도 활발하게 일어나고 있다.

우리는 단순히 일감 몰아주기를 통해 재벌이 성장한다고, 혹은 나의 월급은 그대로인데 재벌의 부만 증가하니 배가 아파 일감 몰아주기를 부정적으로 생각하는 것은 아닌가? 아니면 정말로 일감 몰아주기에 뭔가 문제가 있어서 사회적 여론이 안 좋고 정부에서도 이를 규제하려고 하는가? LG그룹의 예를 들어 설명하겠다. 2017년 공정거래위원회에서 발표한 자료에 따르면 LG그룹에는 LG전자, LG하우시스, LG화학 등 총 68개의 계열사가 있다. LG라는 하나의 우산 아래에 이 많은 관계사들이 모여 LG그룹을 구성한다.

LG그룹에서 업무를 하다 보면 외부 컨설팅을 받아야 할 경우가 자주 있을 수 있다. 그리고 LG그룹에서 사용하는 경영정보시스템 역시 그룹 내 개별 기업이 각각의 경영 환경에 맞춰서 만들 수도 있지만 그룹의 경영 방침에 따르고 효율적으로 관리하기 위해 그룹 차원의 정보시스템이 필요할 수 있다.

LG그룹처럼 자산 총액이 110조 원이 넘는 그룹은 내부에 유능한 인재가 많을 것이다. 그러한 인재들을 모아 별도의 기업을 만들고 그룹 내 각 기업에 필요한 컨설팅 서비스를 제공하면 효율성과 효과성을 둘 다 보장할 수 있을 것이다. 즉, BCG나 맥킨지 같은 글로벌 컨설팅 기업보다 더 저렴하고 효과적으로 서비스할 수도 있다. 글로벌 컨설팅 기업들보다 LG에서 자체적으로 만든 컨설팅 회사는 LG를 더 잘 알기 때문에 좀 더 효과적이고 효율적인 컨설팅 서비스를 제공할 수 있을 것이다. 이런 가정에 따라 LG그룹은 LG CNS라는 계열사를 설립하고 각 계열사에 대한 컨설팅 서비스를 제공할 수 있도록 하고 있다.

정보 통신 서비스 역시 외부의 IT 업체에 맡길 수도 있으나 LG의 기업 철학과 관리 방침을 잘 이해하는 계열사가 그룹 전체의 정보 통신 시스템을 구축하고 관리하는 것이 LG그룹으로서는 더 효율적일 수 있다. 이러한 이유에서 자연스럽게 LG그룹 내에 필요한 서비스를 제공하는 기업을 만들 수 있다.

왜냐하면 이것이 비용과 결과의 측면에서 좀 더 효율적이라고 주장할 수 있기 때문이다. 이러한 일감 몰아주기를 나쁘게 보아야 하는가? 결과만 본다면 위의 이유들 때문에 LG CNS는 LG그룹의 일을 많이 해주게 되고 LG CNS의 매출 중에 LG그룹을 대상으로 한 매출이 상당 부분을 차지할 수 있다.

결과적으로 일감 몰아주기가 된 것이다. 이는 마치 한국전력이 전기 생산, 공급, 판매를 거의 독점하는 것과 같은 현상이 일어난 것이다. 한국전력이 전기 생산, 공급, 판매를 독점한다고 한국전력에 일감을 몰아준 것을 비판하는 것을 보지 못했다. 경제 규모가 작은 우리나라에서는 한국전력이 전기 관련 사업을 독점하는 것이 여러 전력 회사들이 경쟁하는 것보다 더 효율적이기 때문이다.

그러나 만약 LG CNS가 위에서 밝힌 이유가 아니라 다른 목적 때문에 설립되었다면 독자들은 어떻게 생각할 것인가? 예를 들어 만약 LG CNS의 정보 통신 서비스가 타 경쟁 업체에 비해 수준이 낮고 컨설팅도 BCG나 맥킨지 같은 전문 컨설팅 기업보다 더 질 낮은 서비스를 제공한다면, LG그룹 계열사들은 왜 LG CNS의 서비스를 받아야 하는가? 게다가 비용 측면에서도 경쟁 업체들보다 저렴하지 않다면 왜 LG그룹 계열사들은 정보 통신 서비스와 컨설팅 서비스를 LG CNS에서 받아야 할까?

몇몇 계열사는 LG CNS의 서비스를 받기 싫어도 울며 겨자 먹기로 받아야 하는 상황이라면, 일감 몰아주기 문제가 발생할 수 있다. 즉, 효율성과 효과성이라는 원칙이 아닌 다른 목적 때문에 LG CNS가 설립되고 운영된다면 문제가 발생할 소지가 충분하다.

그러면 정말 LG CNS는 설립할 때부터 위에서 언급한 시장 논리대로 효율성과 효과성을 추구하기 위해 만들어지고 지금까지 영업을 해왔는지, 아니면 시장 논리가 아닌 우리도 잘 모르는 다른 논리로 설립되고 운영되었는지를 알아볼 필요가 있다. 그러나 일감 몰아주기의 결과만 보고 이를 단정하거나 판단하거나 합리적인 의심을 할 수가 없다. 우리는 LG그룹의 내부자가 아니기 때문에 일감 몰아주기가 자연스러운 시장 논리로 행해진 것인지 인위적으로 누군가의 부를 축적해주기 위해 행해진 것인지 알 수 없다. 그렇지만 우리는 외부 정황을 보고 일감 몰아주기의 배경을 합리적으로 추론할 수는 있다.

일감 몰아주기의 개념

　일반적으로 재벌 혹은 지배주주와 관련된 일감 몰아주기는 재벌, 지배주주의 사욕을 채우기 위해 소액 주주와 채권자가 누려야 할 이익과 부를 가로채는 것을 의미한다. 〈그림 3-1〉의 가상 기업을 통해서 일감 몰아주기의 개념을 확실히 이해할 수 있을 것이다.

　〈그림 3-1〉의 지분 구조도와 거래 구조를 보면 A기업의 지분 40%를 보유하고 있는 지배주주 A가 있다. 그리고 A기업은 B기업의 지분 70%를 보유하고 있다. 즉, A기업과 B기업은 모회사와 자회사의 관계이다. A기업은 B기업의 중대한 경영상의 의사 결정에 영향을 미칠 수 있다. 다시 거슬러 간다면 A기업의 지분 40%를 소유한 지배주주 역시 A기업의 중대한 경영상의 일에 영향을 미칠 수 있다. 아마도 A기업의 지배주주는 A기업의 회장이라고 불리는 사람일 가능성이 높을 것이다. 즉, A기업의 회장은 A기업의 경영을 자신의 뜻에 따라 좌지우지할 개연성이 크고 B기업은 A기업을 통해서 A기업의 회장이 간접적으로 좌지우지할 개연성이 클 것이다. 현실에서는 A기업의 회장은 B기업의 대표이사나 이사회의 멤버로 등재됐을 수도 있다. 쉽게 이야기하면 A기업과 B기업은 A기업의 회장이 원하는 대로 경영할 것이다. B기업과 D기업은 계열사가 아닌 관계에서 D기업이 B기업에 원재료를 납품하는 관계에 있다.

　만약 A기업의 회장이 자신의 이익을 극대화하기 위해서 회장 본

〈그림 3-1〉 일감 몰아주기 전 지분 구조

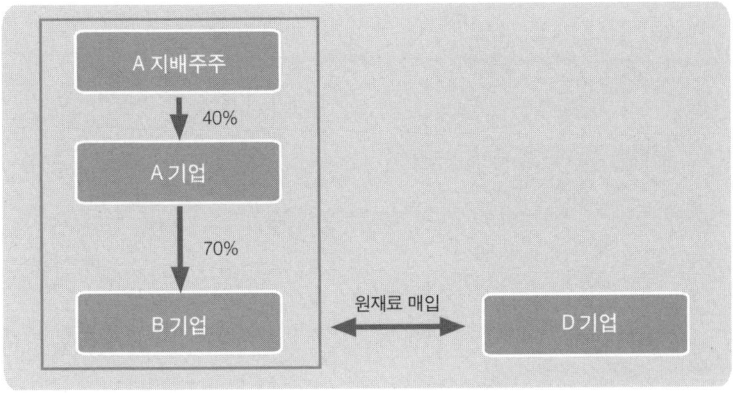

인의 자금으로 〈그림 3-2〉처럼 C기업을 설립해 C기업이 B기업에 원
재료를 납품하게 하고 D기업과 B기업의 거래를 중단시킨다면 어떤
일이 발생할까?

〈그림 3-2〉처럼 C기업은 A기업 회장이 100% 자본을 투자한 개인
회사이다. A기업 회장은 A, B 기업에 상당한 영향력을 행사할 수 있
어 A기업 회장의 개인 기업인 C는 B기업과 손쉽게 원재료 공급 계약
을 체결할 수 있을 것이다.

현실에서 이와 같은 일이 일어난다면 B기업과 C기업은 서로 어떤
영업 관계를 맺을까? 통상적으로는 원재료를 구입하는 B기업이 갑이
겠지만 위의 거래에서는 오히려 C기업이 원재료를 공급하면서도 갑
이 될 개연성이 크다. 아마도 원재료 구입 단가도 B기업과 C기업이

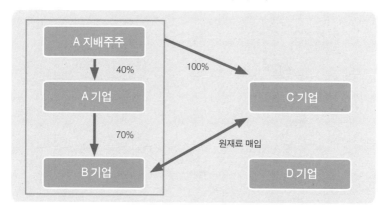

〈그림 3-2〉 일감 몰아주기 후 지분 구조

협상해 B기업에 유리하게 정하는 것이 아니라 오히려 C기업에 유리하게 원재료 단가를 정해 B기업에 통보하는 형식이 될 개연성이 크다. 그렇다면 C기업은 설립 초기부터 이익을 실현할 가능성이 클 것이다. 그리고 C기업의 이익률과 기존에 거래했던 D기업의 이익률을 비교하면 C기업이 높을 가능성이 있다.

이러한 거래가 문제가 되는 이유를 우선 B기업의 주주 관점에서 살펴보겠다. B기업의 주주들은 자신들이 당연히 얻어야 할 이익 중 일부를 C기업에 뺏기는 결과가 초래될 수 있다. 분명히 B기업은 더 저렴하고 자신들의 입김을 많이 반영할 수 있는 공급 업체가 있는데도 선택 권한이 없기 때문에 기업 운영에 비효율이 발생할 수 있다. 그러므로 B기업의 주주 이익은 줄고 줄어든 이익만큼을 C기업이 가져갈 것이다. 결국 C기업의 이익은 회장의 개인 주머니로 들어가게 된다. 그러므로 B기업의 주주는 억울하다.

A기업의 회장은 B기업의 지분을 28% (40%×70%) 정도만 보유하고 있어서 B기업의 기회 손실액 중 28%만을 감당한다. 즉, A기업 회장도 손실일 것 같지만 C기업이 얻는 이익의 100%를 회장이 가져가기 때문에 실제 A기업 회장은 B기업이 잃어버린 기회 이익의 72%를 자신의 주머니로 가져가게 된다. 그러므로 B기업의 다른 주주들이 고스란히 그 손해를 떠안게 되는 것이다.

물론 세련된 회사는 C기업과 B기업이 내부 거래를 할 때 문제가 될 소지를 최대한 없애도록 내부 문서를 작성할 것이다. 그래서 표면적으로는 D기업에 비해서 부당한 이득을 취하지 않은 것으로 보일 것이다. 일감을 몰아주기 전의 D기업 영업이익률이 3%라면 C기업은 영업이익률을 3% 혹은 4% 수준으로 해서 의심을 사지 않는 거래를 할 것이다. C기업의 이익률이 동일한 3%라고 하더라도 기존의 D기업은 거래처를 잃어버리게 되는 것이다. A기업 회장은 땅 짚고 헤엄치기로 사업을 하는 것이다. 투자의 제1원칙인 'High Risk, High Return'이 지배주주에게는 적용되지 않는다.

채권자의 관점에서 본다면 B기업이 기존보다 더 안 좋은 조건으로 C기업과 거래하면 B기업은 재무 건전성이 나빠지고 채무 상환 능력도 약화돼 불이익을 경험할 것이다. 결과적으로 채권자의 투자 위험을 높이는 결과를 초래할 것이다. 이런 현상이 장기적으로 지속된다면 B기업의 은행 대출 금리가 상승해 결국 B기업의 기업 가치 하락을 초래할 것이다. 그러나 A기업 회장은 이런 것에 전혀 개의치 않을 것이다. 왜냐하면 B기업의 가치 하락 부분 중 자신이 부담해야 할 몫은 28%이지만 전체 이익의 72%가 자신의 주머니로 들어오므로 상당히 남는 장사가 되기 때문이다.

그럼 지배주주는 돈이 그렇게 많은데 왜 이런 복잡하고 위험한 거래를 통해 돈을 더 축적하려고 할까? 그것은 바로 부의 세습 때문이다. 위 사례의 A기업 회장이 60세이고 회장에게 두 자녀가 있다고 가정하자. 그렇다면 C기업의 최대 주주는 두 자녀일 개연성이 크다. 두 자녀가 최소한의 자금으로 C기업에 투자하고 C기업의 이익을 얻는 것이다. 그리고 5년이나 10년이 흘러 C기업이 충분히 성장하면 기업 공개(IPO)를 통해 자본 이득을 얻을 것이다. 두 자녀는 아버지의 A기업 주식을 상속받고 C기업에서 얻는 자본 이득으로 상속세를 낼 것이다. 결국 자기 돈은 한 푼도 들이지 않고 기존 주주와 채권자의 몫을 가로채 상속세를 낼 수도 있는 것이다. 이러한 측면에서 일감 몰아주기는 지배주주에게는 손쉽게 돈을 벌 수 있는 기회가 되고 지배주주 이외의 사람들에게는 눈 뜨고 돈을 강탈당하는 결과가 된다.

현대차그룹으로 본 일감 몰아주기

현대글로비스로 본 일감 몰아주기

현대글로비스는 현대자동차가 자동차를 수출할 때 이를 운송해주는 자동차 운송업으로 사업을 시작했다. 2001년 자본금 약 25억 원으로 설립된 현대로지텍 주식회사가 그 전신이다. 2005년 상장하기 전까지 2002년에 약 25억 원, 2004년에 100억 원의 증자를 했다. 2005년 액면가 5000원짜리 주식을 500원으로 분할했다. 상장 시 신주 750만 주(자본금 37억 5000만 원)를 발행했으며 그 후 현재 정의선 현대차 부회장과 정몽구 현대차 회장은 2005년 말 기준으로 60%의 지분을 보유하고 있다. 이는 신주 750만 주가 상장 시 제3자 배정임을 감안한다면 상장 전에는 두 부자의 현대글로비스 지분 비율은 60% 이상이었을 것으로 계산할 수 있다.

2005년 750만 주 증자로 자본금은 37억 5000만 원이 증가했고 자본잉여금(실제 주주들이 증자 시 자본금을 초과해 지불한 금액)은 약 1536억 원이었다. 이를 다시 이야기한다면 750만 주(액면가 500원)를 자본금까지 합산해 약 1573억 원에 일반 주주에게 매각한 것이다. 이는 주당 약 2만 900원에 매각한 것이다. 이를 현대글로비스 설립 시 주당 가액 5000원으로 환산하면 2만 900원에 10배를 한 20만 9000원에 매각한 것이다. 2001년부터 2005년까지 약 5년 동안 5000원짜리 주식이 20만

(단위: 100만 원)

	2001	2002	2003	2004	2005	2006
자본금	2,503	5,000	5,000	15,000	18,750	18,750
증자 금액		2,497	0	10,000	3,750	0
주당 가격(원)	5,000	5,000	5,000	5,000	500	500
주요 주주	정의선 (추정)	정의선 (추정)	정의선 (추정)	정의선 (추정)	정의선 (31.88%)	정의선 (31.88%)
	정몽구 (추정)	정몽구 (추정)	정몽구 (추정)	정몽구 (추정)	정몽구 (28.12%)	정몽구 (28.12%)
특기 사항					상장(12월)	

자료: 현대글로비스 감사보고서, 사업보고서.

9000원으로 비싸진 것이다. 보통 상장할 경우 본질 가치보다 20~30% 할인 발행하는 것을 감안하면 실제 2005년 말의 현대글로비스의 주식 가치는 주당 약 2만 6000원에서 3만 원 선이 적정 가격이라고 할 수 있다. 정몽구 부자가 현대글로비스 주식을 주당 5000원에 매입했고 후에 500원으로 액면 분할된 것을 고려하면 두 부자가 현대글로비스를 통해 얻은 주식 투자수익률은 공모가 기준(약 2만 900원)으로 40.8배이다. 즉, 5년간 4080%의 수익을 얻은 것이고 단순하게 계산하면 연평균 816%의 수익을 얻은 것이다.

상장 후의 지분 60%가 두 부자가 상장 전에도 지속적으로 보유한 지분이라고 가정하면 장부가 기준으로 2001년 현대글로비스의 자본금 가치는 약 25억 원이다. 이 중 60%만을 두 부자의 지분이라고 가정하면 약 15억 원을 현대글로비스에 투자한 것이다. 이 15억 원이

〈표 3-2〉 현대글로비스 실적

(단위: 100만 원)

	2001	2002	2003	2004	2005	2006
매출액	198,490	374,227	578,768	902,750	1,540,835	1,885,086
매출 성장률(%)		89	55	56	71	22
영업이익	9,340	35,780	41,843	49,020	78,520	55,621
비율(%)	4.7	9.6	7.2	5.4	5.1	3.0

자료: 현대글로비스 감사보고서, 사업보고서.

5년 동안 944억 원으로 불어난 것이다. 5년 동안 원금을 제하고 최소 929억 원의 이익을 얻었다.

2001년 설립 시 매출액이 1984억 원에서 2006년 1조 8850억 원으로 거의 10배가 됐다. 게다가 2001년 설립 시 자본금이 25억 원인 기업 매출액이 거의 2000억 원에 육박하고 영업이익은 93억 원을 올렸다. 보통 대다수의 기업들은 설립 첫해는 시장에 처음 진입하기 때문에 규모의 경제, 운영의 효율성이 떨어져 적자가 나는 것이 일반적인데 설립 첫해부터 자본금의 거의 네 배나 되는 엄청난 영업이익을 냈다. 그 후 매년 20%에서 90%까지 초고속 성장을 했으며 2005년에는 785억 원의 이익을 냈다.

〈그림 3-3〉을 보면 2005년 12월 상장 초기에는 주당 5만 원에서 8만 원 이상으로 상승했고 2006년 말에는 3만 원 수준까지 하락했다.

2001년부터 2006년까지 현대글로비스가 어떻게 성장했는지 보기 위해 현대글로비스와 현대차그룹의 내부 거래 규모를 보겠다.

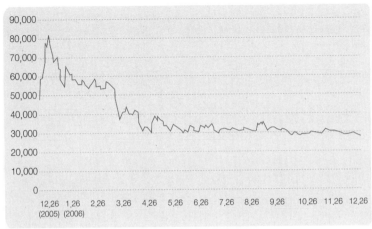

〈그림 3-3〉 현대글로비스 상장 후 1년간 주가 추이

자료: Google finance.

〈표 3-3〉을 보면 현대글로비스는 현대·기아차와 BNG스틸 등 현대 계열사들의 일감을 통해서 성장했음을 알 수 있다. 설립 초기인 2001년에는 계열사(특수 관계인) 관련 매출이 전체 매출의 93.6%를 차지했고 이 비율은 시간이 지나면서 하락했으나 2006년 말에도 84.9%로 여전히 높다. 현대글로비스는 현대제철 등 계열사 제품의 운송 업무를 도맡아 하면서 성장했고 그 이익의 대부분은 현대글로비스의 주주인 정몽구 부자에게 흘러갔다.

2016년 말까지 현대글로비스의 지배주주는 정의선 현대차 부회장으로 23.29%를 보유하고 있다. 2017년 7월 현대글로비스의 시가총액은 약 6조 원이며 정의선 부회장의 지분 가치는 약 1조 4000억 원

<표 3-3> 현대글로비스 내부 매출 현황

(단위: 100만 원)

	2001	2002	2003	2004	2005	2006
총매출액	198,490	374,227	578,768	902,750	1,540,835	1,885,086
내부 거래 매출	185,750	344,169	501,860	727,735	1,315,005	1,600,338
비율(%)	93.6	92.0	86.7	80.6	85.3	84.9
주요 거래처	현대· 기아차	현대· 기아차	현대· 기아차	현대· 기아차	현대· 기아차	현대· 기아차
	현대모비스	현대모비스	현대모비스	현대모비스	현대모비스	현대모비스
	BNG스틸	BNG스틸	BNG스틸	BNG스틸	BNG스틸	BNG스틸
			하이스코	하이스코	하이스코	하이스코
			다이모스	다이모스	다이모스	다이모스
					현대제철	현대제철

자료: 현대글로비스 감사보고서, 사업보고서.

이다. 정몽구 회장이 보유한 현대글로비스의 가치는 약 4000억 원이다. 그러므로 두 부자가 보유한 주식 가치는 약 1조 8000억 원이다.

2001년 약 25억 원의 자본금을 두 부자가 100% 출자했다고 가정하면 두 부자는 16년간 25억 원 규모의 투자 금액을 1조 8000억 원으로 증가시켰다. 투자수익률로 계산하면 연평균 약 50.8%이며 누적 수익률로는 7만 1900%이다. 세계적인 투자의 귀재인 워런 버핏(Warren Buffett)의 연평균 수익률이 20~30%인 것을 감안하면 정몽구 부자의 투자수익률은 굉장히 이례적인 것이다.

그렇다면 두 부자는 왜 이토록 현대글로비스에 현대차그룹의 일감을 몰아주려고 했을까? 물론 첫 번째 목적은 위에서 언급한 대로 막

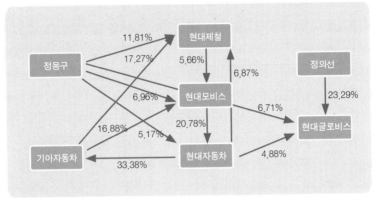

〈그림 3-4〉 2016년 말 현대차그룹 주요 지분 구조도

자료: 각 사의 사업보고서 참조.

대한 부를 축적하기 위해서다. 일반적으로 사람들은 돈을 벌 때 막연히 많이 버는 것보다는 돈을 벌어야 할 명확한 이유가 있다. 그럼 두 부자는 왜 이렇게 많은 돈을 벌려고 했을까? 즉, 돈을 벌어서 어디에 쓰려고 했을까? 〈그림 3-4〉의 2016년 말 기준 현대차그룹의 지분 구조도를 보면 그 답을 유추할 수 있다.

정몽구 회장은 1938년생으로 후계 구도를 생각해야 할 나이가 되었다. 물론 2001년 기준으로도 분명히 고령이기 때문에 후계 구도를 생각해야 했다. 대부분의 부모가 그렇듯이 선대 때부터 쌓아온 부를 자식에게 물려주고 싶은 정몽구 회장의 마음은 충분히 이해한다.

그러나 우리나라 세법에 자식에게 부를 물려줄 때 물려주려는 재산이 30억 원을 초과하면 그 초과분의 50%를 세금으로 내야 한다. 이

〈표 3-4〉 예상 상속세

(단위: 조 원)

기업	시가총액	지분(%)	총보유 자산
현대모비스	24	6.96	1.7
현대제철	8.5	11.81	1.0
현대차	40	5.17	2.1
합계	72.5		4.7
예상 상속세			2.4

자료: 각 사의 사업보고서, 네이버 증권, 2017년 10월.

런 이유로 현대글로비스는 정몽구 회장이 아들인 정의선 부회장에게 자신이 보유한 지분을 물려줄 경우 발생하는 상속세를 내기 위해 설립한 회사라고 추측할 수 있다. 현대차 그룹의 지분 구조에서 핵심이 되는 회사는 현대모비스이다. 현대모비스가 현대자동차의 지분 20.78%를 보유하고 있다. 정몽구 회장은 현대모비스를 자신이 6.96% 보유하고, 현대제철을 통해 간접으로 5.66% 보유하고, 기아 자동차를 통해 간접으로 16.88% 보유하고 있다. 정몽구 회장이 보유한 주요 계열사의 모든 지분을 정의선 부회장이 상속받는다면 실제 정의선 부회장은 상속세를 얼마나 낼까?

1차적으로 상속받는 총액을 계산하기 위해 정몽구 회장이 보유한 현대제철(11.81%), 현대모비스(6.96%), 현대자동차(5.17%)의 지분 가치를 계산해볼 수 있다. 정몽구 회장은 현대차 그룹 주요 기업의 주식을 약 4조 7000억 원어치 보유하고 있다. 정의선 부회장이 이를 상속받을 때 50%의 상속세를 낸다고 가정하면 약 2조 4000억 원이 필요하다.

현재 정의선 부회장이 현대차그룹의 주요 기업 주식도 일부 보유하고 있지만 가장 큰 자산은 현대글로비스 지분 가치다. 정의선 부회장이 보유한 현대글로비스 주식의 가치는 약 1조 4000억 원이어서 정몽구 회장의 전체 자산을 완전히 상속하기에는 아직 준비가 덜 되었다고 볼 수 있다. 그러나 현대글로비스를 설립하고 일감을 몰아준 데에는 정몽구 회장의 후계 구도가 감안되었다고 추측할 수 있다. 그러므로 현대글로비스는 현대차그룹의 후계 구도를 결정하는 데 매우 중요한 자산 증식 수단이라고 합리적 추론을 할 수 있다.

그러면 두 부자의 상속을 위해 일반 주주들은 얼마나 희생해야 하는지 계산해보자. 현대글로비스는 현대차그룹이 없다면 물량을 확보하지 못해 이익을 남기기 어려운 기업이다. 현대차 내부에 차량 운송 사업부를 만들어 차량을 스스로 운송해도 되는 것을 두 부자가 별도의 회사를 만든 것이다. 혹은 현대자동차가 100% 출자해 만들 수 있는 회사를 두 부자가 현대자동차 대신 자신의 돈으로 설립한 것이다. 단순하게 계산한다면 현대글로비스의 시가총액 6조 원은 대부분 현대자동차 주주에게 귀속되어야 하는 금액이다. 그러면 현재 현대자동차의 시가총액은 2017년 6월 기준 40조 원이 아니라 46조 원 정도가 된다. 주가는 현재의 주가보다 주당 약 15% 높아야 하므로 15만 원이 아니라 약 17만 원 수준이 될 것이다. 그러므로 정몽구, 정의선 부자는 현대자동차의 주주들에게서 주당 2만 원씩을 가로채 간 것이라고 할 수 있다. 그런데 일반 주주들은 이것을 아는데도 어찌할 방도가 없다.

이노션으로 본 일감 몰아주기

현대차그룹에서는 현대글로비스에만 이런 일이 일어났을까? 대표적인 사례인 현대글로비스에서처럼 일감 몰아주기는 이노션이라는 광고회사에서도 있었다. 이노션은 2005년 현대차그룹의 광고대행사로 설립되었다. 설립 첫해인 2005년 매출액은 약 350억 원 수준이며 그중 특수 관계인에 대한 매출은 206억 원으로 전체 매출액에 약 58%를 차지했다.

지속적으로 현대차와 기아차의 광고를 주로 대행하고 있으며 기업이 성장하면서 현대차그룹 외의 광고도 같이 수주하며 영업하고 있다. 2016년 말 기준으로 내부 거래는 전체 매출액 4220억 원 중 약 61.6%인 약 2600억 원에 달하고 있다. 이노션은 2005년 설립된 후 2016년까지 11년간 매출이 12배가량으로 증가했다. 매년 약 20% 이상의 고도성장을 달성했고 그 성장의 배경에는 현대차그룹의 광고비 지출 증가가 있었다고 볼 수 있다.

설립 당시 이노션의 지분은 정성이 외 2인이 100%를 보유하고 있었다. 정성이 이사는 정몽구 회장의 딸로 만약 이노션의 주주가 정성이 이사가 아니라 전혀 관계없는 제3자였다면 이노션이 그 짧은 기간에 이렇게 큰 기업으로 성장할 수 있었을지 의문이다. 정성이 외 2인

(단위: 억 원)

	2012	2013	2014	2015	2016
매출액	4,112	3,561	3,952	4,213	4,220
영업이익	616	528	492	418	358
비율(%)	15.0	14.8	12.4	9.9	8.5
내부 거래	2,219	1,580	2,000	2,300	2,600
비율(%)	54.0	44.4	50.6	54.6	61.6

자료: 이노션 감사보고서, 개별 재무제표 기준.

은 설립 당시 총 30억 원의 자본금을 투자했다. 그리고 코스피 시장에 상장한 2017년 7월 현재 시가총액은 약 1조 3000억 원이다.

현재 정성이 이사의 지분은 27.99%이다. 전체 가치로 평가하면 약 3638억 원이다. 초기 설립 자금 중 40%만이 정성이 이사의 지분이므로 정성이 이사는 이노션에 12억 원을 투자했다. 그리고 투자한지 13년 만에 12억 원이 3638억 원으로 증가했다. 13년간 지급받은 배당액을 고려하지 않고 순수하게 주가 상승에 따른 투자수익률을 계산하면 약 3만 222%이다. 이는 13년 동안 연평균 약 55%의 투자수익률을 기록한 것이다. 13년이라는 장기간에 걸쳐 연평균 55%의 경이적인 투자수익률을 기록했다. 이는 현대글로비스에서 정의선 부회장이 기록한 16년간 연평균 투자수익률 50.8%보다 더 높다. 일반인이라면 거의 불가능한 수익률을 정 부회장과 정 이사는 달성했다.

이노션을 현대차가 100% 자회사로 설립하는 것은 불가능했을까?

만약 현대차가 이노션을 설립했다면 현대차의 주가는 현재 얼마 수준일지 계산해보자. 이노션에서 창출하는 매출에 대한 이익률이 현대차그룹과 비현대차그룹 간에 동일하다고 가정한다면 전체 영업이익의 61.6%가 현대차에 귀속되어야 할 것이다. 왜냐하면 현대차의 자회사로 이노션이 출발했다면 이노션은 지속적으로 현대차그룹만 바라보고 성장했을 개연성이 클 수도 있다. 즉, 매출액의 90% 이상이 현대차그룹에서 발생하고 지금처럼 큰 규모의 기업은 될 수 없었을 수도 있다.

그러므로 현대차그룹과의 거래에서 나오는 매출에 비례해 이익도 같이 가져간다고 가정할 수 있다. 이는 곧 현재의 시가총액 중 61.6%는 현대차그룹에 귀속되어야 한다는 것을 의미한다. 이노션의 시가총액인 1조 3000억 원에서 61.6%를 곱한 금액은 약 8000억 원이다. 현대차 주가는 현재의 40조 원에서 8000억 원이 더 증가해야 한다. 즉, 2%의 추가 상승을 기대할 수 있다. 그러므로 15만 원이 아니라 15만 3000원이 되어야 한다. 일반 주주 개개인에게 주당 3000원은 큰돈이 아닐 수 있으나 모든 주주가 십시일반으로 재벌에게 주당 3000원씩을 더 몰아준 것이라고 볼 수 있다.

농심 그룹으로 본 일감 몰아주기

일감 몰아주기는 현대차그룹과 같은 대기업에서만 일어나는 현상일까? 앞서 이야기했듯이 일감 몰아주기는 지배주주가 기타 주주들의 돈을 법의 허점을 이용해 가져가는 도둑질일 수 있다. 지배주주가 있는 모든 기업에서 지배주주가 자신이 설립한, 혹은 특수 관계인이 설립한 기업에 일감을 몰아주려는 유인은 항상 존재한다.

애덤 스미스는 인간의 이기심의 발로가 경제의 발전과 성장을 이끈다고 했다. 그 이기심이 지배주주에게도 있고 지배주주는 항상 그러한 이기심에 이끌려 부를 손쉽게 축적하는 방법을 선택할 개연성이 크다. 맹자(孟子)의 성선설이 맞고 모든 인간이 이타적이라면 애덤 스미스 이래로 만들어진 경제 법칙들은 작동하지 않아야 한다. 그러나 아쉽게도 돈에 관한 한 인간은 이타적이기보다는 이기적인 경향이 더 강한 것 같다.

그러므로 일감 몰아주기는 기업의 크기와 상관없이 지배주주의 존재 여부에 따라 결정된다. 지배주주가 존재하는 중소기업 혹은 중견기업에서도 동일한 행동이 일어난다. 다만, 현대차그룹처럼 큰 기업은 언론에 자주 노출되고 상장 기업이다 보니 공시하는 정보도 많아 중소기업에 비해 그들의 일감 몰아주기를 손쉽게 파악하고 그 동기를 상대적으로 쉽게 유추할 수 있다. 중소기업이나 중견 기업은 일감 몰아주기의 규모가 작아서 사회적 이슈가 되는 경우가 적다. 그러

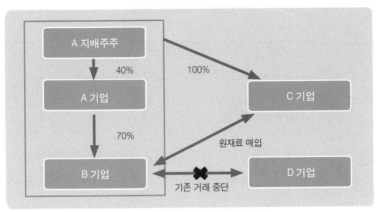

〈그림 3-5〉 일감 몰아주기 구조

나 대기업과 마찬가지로 중소기업, 중견 기업도 일감 몰아주기를 하고 있다.

〈그림 3-5〉와 같은 상황에서 일감 몰아주기를 용이하게 만드는 것은 기존에 B기업과 거래하는 D기업의 물건이나 서비스가 얼마나 대체 가능한지에 달려 있다. 누구나 손쉽게 D기업이 만드는 물건이나 서비스를 제공할 수 있다면 지배주주 A 역시 자신의 C기업을 설립해 손쉽게 C기업이 B기업과 거래하도록 만들 수 있을 것이다.

예를 들어 D기업이 세계에서 한 개뿐인 반도체 칩을 만들며 어떤 경쟁자도 이 제품을 모방하거나 대체할 수 없다고 가정하자. 그러면 지배주주 A도 D기업을 대체할 자신의 기업 C를 설립하지 못할 것이다. 그러나 D기업이 라면 봉지나 라면 포장 박스를 만든다고 하자. 라면 봉지나 종이 박스는 다른 기업들도 손쉽게 만들 수 있을 것이다.

이럴 경우 지배주주 A 역시 자신이 C라는 회사를 설립해서 손쉽게 기존의 거래처인 D기업이 만드는 제품을 만들어서 B기업에 공급할 수 있을 것이다. 이러한 일은 식품 기업들에서 빈번하게 발생할 수 있다. 실제로 우리나라의 라면과 식품 산업을 대표하는 농심그룹과 오뚜기그룹에서 이런 사례를 발견할 수 있다.

농심 그룹은 1965년 신춘호 회장이 롯데공업 주식회사를 설립하면서 시작되었다. 롯데공업은 1971년 '소고기 라면'을 출시하면서 성장하기 시작했고 1972년에는 '새우깡'을 출시해 안정적인 경영을 하게 되었다. 1975년에 '농심 라면'을 통해 농심 브랜드를 소비자에게 알리게 되었다. 1978년 사명을 주식회사 농심으로 변경했다. 라면과 스낵에 대한 꾸준한 연구 개발을 바탕으로 1980년대에 '안성탕면', '너구리', '짜파게티'가 성공을 거두면서 본격적인 성장을 시작했다. 1985년에는 라면 시장 점유율 40.4%로 업계 1위의 라면 제조 회사가 되었다. 1986년에는 '신라면'을 성공시키며 업계 1위 자리를 공고히 했다. 1990년대는 라면 이외에 스낵으로 사업 영역을 확장하고 생산 방식을 자동화하며 내실을 키워나갔다. 1996년에는 상하이에 처음으로 해외 공장을 설립하며 중국에 진출했다. 2003년에는 농심홀딩스를 지주회사로 하는 지주회사 체제로 지배 구조를 바꾸었다. 그 후 꾸준히 제품을 개발하며 업계 선두권을 유지했고 2005년에는 미국 로스앤젤레스에 공장을 설립하고 미국 시장에 진출해 현재의 농심 그룹을 이루게 되었다. 2016년 말 기준 3개 상장사(농심홀딩스, 농심, 율촌화

〈그림 3-6〉 농심 그룹 주요 지분 구조도

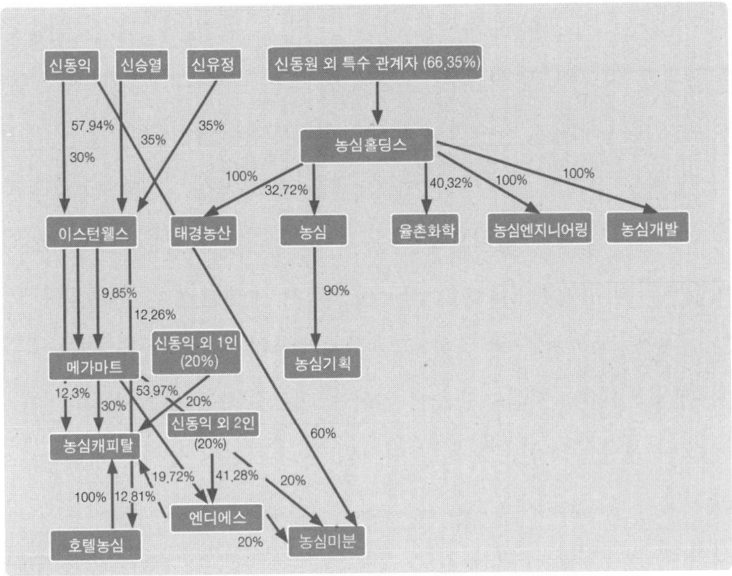

자료: 각 사의 사업보고서, 감사보고서 참조.

학)와 15개 비상장사로 이뤄진 농심그룹은 자산 총액 약 4조 5000억 원의 중견 그룹으로 성장했다.

농심은 소비자의 사랑을 받는 제품을 많이 출시해 성장했지만 지배주주가 존재하는 기업의 지배 구조의 한계를 벗어나지 못했다. 농심의 지배주주들은 거의 개인 회사와 다를 바 없는 기업을 설립해 일감 몰아주기를 했다고 우리는 합리적 의심을 할 수 있다.

〈그림 3-6〉의 지분 구조도를 보면 농심 그룹은 지배 구조상 두 그룹으로 나눌 수 있다. 첫 번째 그룹은 농심홀딩스가 지주회사이기 때

문에 농심홀딩스를 중심으로 한 태경농산, 농심, 율촌화학, 농심엔지니어링, 농심개발의 계열사로 나눌 수 있다. 두 번째 그룹은 신춘호 회장과 그의 자녀인 신동원, 신동익 등으로 구성된 기업군으로 구분할 수 있다. 대체로 지주회사 체제인 농심홀딩스의 자회사들은 계열사 간 내부 거래가 존재하더라도 농심홀딩스, 농심, 율촌화학이 상장회사이기 때문에 상대적으로 다른 주주의 견제를 일부 받으므로 지배주주의 전횡이 어렵다. 더구나 지주회사 체제는 공정 거래 관련 법률 등을 엄격히 준수해야 하고 공정거래위원회의 감독을 받기 때문에 더더욱 100% 지배주주들이 원하는 대로 운영하기는 어렵다.

그러나 사실상 신춘호 회장 일가의 개인 회사라 불리는 기업들(이스턴웰스, 메가마트, 농심캐피탈, 엔디에스, 농심미분)은 상대적으로 외부의 감독과 감시의 수준이 낮을 수밖에 없어 지배주주의 부를 축적하는 좋은 수단이라고 볼 수 있다. 신춘호 회장 일가의 개인 회사라 할 수 있는 모든 기업을 분석하기보다 지배주주의 부를 추가로 증가시킬 수 있는 엔디에스와 농심미분에 집중해 살펴보겠다.

엔디에스

엔디에스는 농심 그룹의 정보 통신 서비스를 담당하는 기업이다. 2000년 농심데이타 시스템 주식회사에서 엔디에스로 사명을 변경했다. 2016년 말 자본금은 63억 원이고 주주 구성은 〈표 3-6〉과 같다.

<표 3-6> 엔디에스 주주 현황

주주	주식 수	지분(%)
메가마트	680,000	54.0
신동원	192,000	15.2
신동윤	148,000	11.8
신동익	180,000	14.3
기타	60,000	4.8
합계	1,260,000	100.0

자료: 엔디에스 감사보고서, 2016.

메가마트가 주요 주주로 54%의 지분을 갖고 있으며 지배주주 3명이 총 41.3%를 갖고 있다. 농심 지분 구조도에서 보면 메가마트의 주요 주주는 신동익(57.94%), 이스턴웰스(9.85%)이다. 게다가 이스턴웰스는 신동익, 신승열, 신유정이 100%의 지분을 보유한 지배주주의 개인 회사라고 볼 수 있다. 그러므로 사실상 메가마트는 지배주주의 개인 회사라고 볼 수 있기 때문에 엔디에스의 지분 95.2%는 지배주주가 보유한다고 간주할 수 있다. 지배주주가 설립한 개인 회사가 자신들이 설립한 개인 회사 간의 거래를 통해서 부를 축적하는 것은 문제될 소지가 적다.

그러나 문제의 소지는 그러한 개인 회사가 농심홀딩스 계열의 지주회사 체제에 있는 기업들의 일감을 몰아 받아 이익을 얻을 수 있다는 데에 있다. 앞서 말한 것처럼 일정 규모 이상의 우리나라 대기업들은 자체적인 정보 통신 서비스 회사를 보유하고 있다. 이런 회사를 통

〈표 3-7〉 엔디에스 경영 실적 및 주요 경영 사항

(단위: 억 원)

	2013	2014	2015	2016
매출액	903	1,102	1,071	1,186
영업이익	18	20	7	15
비율(%)	2.0	1.8	0.7	1.3
순이익	23	20	23	38
특수 관계인 매출	315	334	315	339
비율(%)	34.9	30.3	29.4	28.6
배당	6	6	6	6
배당 성향(%)	26.1	30.0	26.1	15.8
경영진 보수			6	12
대표이사	김중원	김중원	김중원	김중원

자료: 엔디에스 감사보고서.

해서 그룹 내의 다른 기업들로부터 부를 축적하는 도구로 자주 이용되는 경향이 있다. 농심도 다른 대기업들처럼 엔디에스를 통해서 부를 축적하는지를 확인해보자.

〈표 3-7〉은 엔디에스의 경영 실적 및 주요 경영 사항이다. 엔디에스의 매출액은 2016년 기준으로 1186억 원이며 이 중 특수 관계인과의 매출액은 339억 원(28.6%)이다. 특수 관계인들과의 거래에 따른 각각의 매출액 규모는 농심그룹 각 계열사의 규모순과 같게 나타난다. 영업이익은 15억 원이며, 배당 금액은 꾸준히 6억 원대를 유지하고 있다.

만약 계열사 간의 매출이 없어 동일한 비율로 규모나 이익이 감소한다고 가정하면 엔디에스의 2016년 매출액은 847억 원, 영업이익은 10억 7000만 원, 배당금은 4억 2000만 원으로 감소할 수 있다. 계열사 간 내부 거래를 통해서 2016년에는 계열사에서 영업이익 4억 3000만 원을 추가로 획득했다. 추가된 영업이익 4.3%를 자본 비용 10%로 영구 할인하면 계열사 간 거래를 통해 얻은 추가 이익의 최저치는 43억 원이다. 즉, 농심홀딩스, 농심, 율촌화학의 지배주주를 제외한 기타 주주들은 십시일반으로 농심의 지배주주에게 부를 보태준 것으로 추정할 수 있다.

여기서 주목할 것은 엔디에스가 없었더라도 나머지 농심홀딩스, 농심, 율촌화학은 운영을 위해 정보 서비스가 필요하다는 것이다. 그러므로 엔디에스가 부당하게 이득을 취하고 그로 인해 지배주주가 이득을 취했다고 볼 수 없다. 그러나 정황상 엔디에스의 지배주주는 곧 농심홀딩스, 농심, 율촌화학의 지배주주와 동일하다. 실제로 위 기업들을 지배주주가 장악하고 있는 상황에서 매우 공정한 거래를 엔디에스와 한다고 기대하는 것은 다소 무리가 있을 수 있다. 그러나 실제 얼마나 농심 계열사가 공정했는지 확인하기 위해서는 농심 계열사 간의 거래에서 얻은 이익률과 비계열사, 즉 제3자와의 거래에서 얻은 이익률을 비교해보면 알 수 있다.

그러나 추정컨대, 매출액 1186억 원의 기업이 정보 통신을 통해서 꾸준히 흑자를 내기는 규모의 경제 면에서 다소 어려울 수 있다. 엔디에스가 꾸준한 영업이익 흑자를 낸 것은 두 가지의 가능성으로 추정해볼 수 있다. 농심그룹의 다른 계열사가 다소 높은 금액으로 일감 몰아주기를 했기 때문일 수 있다. 즉, 엔디에스의 이익 대부분은 매출액 1186억 원 중 계열사와의 거래액인 339억 원에서 발생했다고 추정할 수 있다. 현재 공개적으로 이용 가능한 정보에서는 엔디에스의 이익률을 위처럼 두 가지로 구분해서 확인할 수 없다.

다른 가능성은 계열사 간의 거래 규모가 작기 때문에 계열사의 혜택을 크게 받지 않았다는 것이다. 엔디에스 경영진의 탁월한 경영 능력으로 지속해서 흑자를 실현했다고 볼 수 있다는 것이다. 엔디에스는 2000년 사명을 변경하면서 출범했다. 2000년 출범한 이래로 2001년을 제외하고 2016년까지 영업이익 기준으로 흑자를 만들어냈다. 특히 전 세계의 기업 대부분이 금융 위기로 힘들어하던 2007년과 2008년에도 꾸준히 영업이익 흑자를 냈다. 과연 위의 두 가지 가능성 중에 독자들은 어떤 가능성이 좀 더 현실적으로 보이는가?

농심미분

농심미분은 2009년에 자본금 15억 원으로 설립되어 쌀가루의 제조 및 판매를 주된 영업 분야로 삼는다. 농심미분의 주주는 신동익 (60%), 메가마트(20%), 엔디에스(20%)로 구성되어 있다. 앞서 말한 대로 메가마트와 엔디에스는 사실상 지배주주의 개인 회사이다. 그러므로 농심미분도 신동익이 60%를 보유하고 있지만 사실상 지배주주의 개

주주	주식 수	지분
신동익	180,000	60.0%
메가마트	60,000	20.0%
엔디에스	60,000	20.0%
합계	300,000	100.0%

자료: 농심미분 감사보고서, 2016.

인 회사라고 간주할 수 있다. 농심미분의 주된 영업 분야인 쌀가루를 제조하고 판매하는 것은 사실상 큰 기술을 요하지 않는 사업으로 볼 수 있다. 기술보다는 오히려 판매처를 잡는 영업 능력이 핵심 역량이라고 볼 수 있는 기업이다.

농심미분은 2016년 매출액 95억 원, 영업이익 11억 원, 순이익 4억 원을 달성했다. 2009년 설립되었으나 외부 감사에 관한 법률을 적용받지 않아서 2011년 이전의 자료는 찾을 수 없다. 2011년부터 2016년까지 매출액은 74억 원에서 95억 원으로 증가했다. 특수 관계인 관련 매출은 2011년 100%에서 2016년 51.6%로 감소했다. 사실상 지배주주의 개인 회사이며 농심과의 내부 거래 비율이 압도적으로 높다. 그러나 2011년부터 2016년까지 3개년이 적자이고 3개년이 흑자였다. 2011년 당시 약 11억 원의 자본 잠식 상태였다. 2016년 말역시 자본 잠식 규모는 80억 원으로 확대되었다.

사실상 지배주주의 개인 회사인데도 실적이 악화되는 이유를 추정한다면 매출액 규모가 현저하게 작기 때문이라고 추정할 수 있다.

〈표 3-9〉 농심미분 경영 실적 및 주요 경영 사항

(단위: 억 원)

	2011	2012	2013	2014	2015	2016
매출액	74	67	80	91	87	95
영업이익	-11	-16	10	6.8	-7	11
비율(%)	-14.9	-23.9	12.5	7.5	-8.0	11.6
순이익	-19	-25	19	15	-14	4
특수 관계인 매출	74	48	38	32	26	49
비율(%)	100.0	71.6	47.5	35.2	29.9	51.6
배당	0	0	0	0	0	0
배당 성향(%)	0.0	0.0	0.0	0.0	0.0	0.0
대표이사	류병돈	류병돈	류병돈	류병돈	박상규	박상규

자료: 농심미분 감사보고서.

100억 원도 안 되는 매출액으로 기업의 고정비를 충당하기 어려울 정도의 손익 구조라고 추정할 수 있다. 자본 잠식 규모가 2016년 자산 총계 118억 원 중 80억 원으로 약 68%에 달할 정도로 높기 때문에 일반적인 회사 같으면 청산, 법정 관리 혹은 다른 특단의 조치가 취해졌을 개연성이 크다. 그런데도 현재까지 지속적으로 존속하는 것은 지배주주가 보유한 기업이기 때문이라고 추측할 수 있다. 이익이 지속적으로 나지 않는 또 다른 이유는 농심미분의 주된 영업 분야인 쌀가루 판매와 관련이 있을 수 있다. 쌀 소비량이 지속적으로 감소하고 쌀과자 혹은 쌀로 만든 식품의 수요가 감소해 쌀가루에 대한 수요도 늘지 않기 때문으로 추측할 수 있다. 그러면 ㈜농심은 쌀로 만든 제품의 생산이나 판매를 축소할 수 있으나 농심미분이 있기 때문에 그렇게 하지 못할 수도 있다.

반대로 지배주주가 장기적인 안목으로 언젠가는 쌀로 만든 식품의 수요가 늘 것이라고 판단해 지속적으로 농심미분을 보유해서 (주)농심에서 쌀을 원료로 하는 식품 개발을 지속할 수도 있다고 추측할 수 있다. 농심그룹의 계열사가 농심미분에 일감을 몰아주는 정황은 충분히 있으나 이러한 일감 몰아주기로 지배주주가 이익을 얻었다고 단언하기는 어렵다. 그러나 일감 몰아주기의 결과로 (주)농심이 손해를 보고 있다고 추정할 수는 있다. 위에서 언급한 대로 농심미분이 있기 때문에 (주)농심은 쌀을 원료로 하는 식품 개발과 판매를 포기할 수 없다고 추측할 수 있다. (주)농심의 2016년 매출액 1조 8000억 원에 비해 농심미분에서 구매하는 쌀가루의 금액이 너무 적기 때문에 어떤 것이 진실인지를 외부의 시각으로 판단하기는 어렵다.

오뚜기그룹으로 본 일감 몰아주기

오뚜기는 1969년 고 함태호 회장이 '풍림상사'라는 이름으로 사업을 시작했다. 식품 기업으로서 꾸준히 성장을 했다. 1987년 '청보식품'을 인수하면서 오뚜기라면으로 라면 사업을 시작했다. 2013년에는 삼양라면을 제치고 라면 업계 2위를 차지했다. 비정규직이 없는 기업으로 알려지면서 착한 기업으로 유명해졌다. 고 함태호 회장 역시 24년간 심장질환을 앓는 어린이 4242명에게 그들이 새 삶을 꿈꿀

수 있도록 경제적으로 지원해주었다. 이처럼 경영은 물론 사회의 구성원으로서 책임감 있는 사회공헌 활동으로 오뚜기의 이미지는 좋아지고 있다. 대표 브랜드로는 진라면, 오뚜기 카레, 오뚜기 케찹 등이 있다. 지금은 자산 총액 2조 8000억 원의 중견 그룹으로 성장했다.

최근 오뚜기가 언론의 집중 조명을 받고 있고 국민의 칭찬이 높다. 2016년 9월 함태호 명예회장은 오뚜기 지분 13.53%(46만 5543주)를 남기고 기업 역사에서 퇴장했다. 고 함태호 회장이 남긴 지분 가치는 당시 주가로 3500억 원 수준이었으며 이를 상속받기 위해서는 약 1500억 원의 상속세를 납부해야 했다. 2016년 12월 함영준 현 오뚜기 회장은 함태호 회장이 남긴 오뚜기 지분 13.53%를 전액 상속하며 1500억 원 이상의 상속세를 5년간 분할 납부하기로 했다. 이러한 사실이 알려지면서 삼성의 이재용 부회장이 그룹 지배권을 확보하기 위해 낸 세금 16억 원과 대비되며 오뚜기는 '갓뚜기'로 사람들의 칭송을 받고 있다.

다시 말하면, 오뚜기가 현재 칭찬받는 가장 큰 이유는 당연히 내야할 상속세를 냈기 때문이다. 오뚜기 함영준 회장은 1990년에 함태호 회장의 경영권을 승계받았다. 그때부터 치면 충분히 긴 기간이었으므로 상속세를 회피하거나 절세할 방법을 찾을 수도 있었을 것이다. 그런데도 기존의 대기업 지배주주들이 한 편법과 불법을 동원하지 않고 그대로 상속세를 내면서 지배주주의 지위를 승계했다.

그 결과 최근에 문재인 대통령이 마련한 기업 간담회에 함영준 회

〈그림 3-7〉 오뚜기 지분 구조도

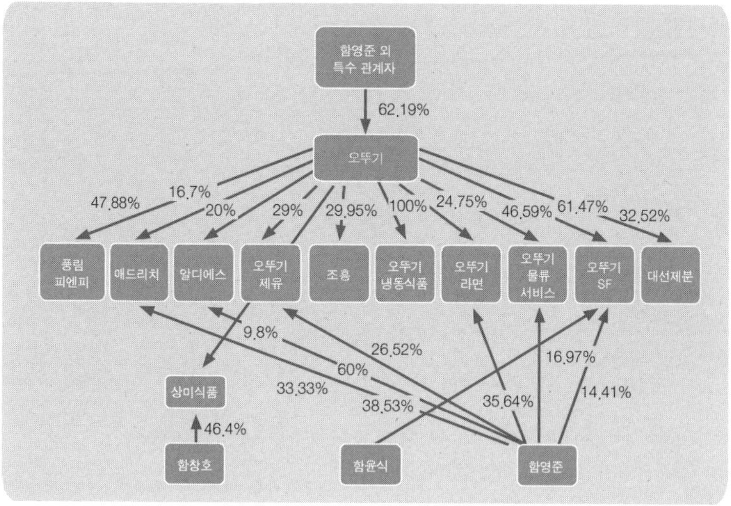

자료: 각 사 감사보고서.

장이 초대받기도 했다. 함께 초대받은 삼성전자, SK, LG 등 국내 굴
지의 대기업들과 달리 자산 총액 2조 8000억 원인 오뚜기는 규모 면
에서 비교할 수 없을 정도로 작다. 그런데도 오뚜기가 모범 사례라 생
각해 청와대에서는 문재인 대통령과 기업인의 간담회에 오뚜기를 초
대한 것으로 보인다.

이렇게 착한 기업이라고 생각하는 오뚜기의 지배주주는 애덤 스
미스가 주장한 경제적 이기심에서 자유로울까? 오뚜기의 지배주주는
자신의 이익을 채우기보다 기업 가치를 높여 기존 주주와 같이 증가
된 기업의 부를 자신의 지분만큼 공평하게 나누어 가질까? 만약 오뚜

〈표 3-10〉 오뚜기 지배주주의 세부 현황

주주	관계	주식 수	지분(%)
함영준	본인	994,529	28.91
함영림	매	113,980	3.31
함영혜	매	113,980	3.31
함창호	숙부	93,024	2.70
함승호	숙부	33,598	0.98
함윤식	자	70,130	2.04
함연지	자	40,000	1.16
채림	처	10,000	0.29
함영제	제	11,000	0.32
정수진	조카	10,000	0.29
정인성	조카	10,000	0.29
정윤정	조카	10,000	0.29
정수홍	조카	9,000	0.26
조재현	질서	8	0.00
이강훈	이사	1,460	0.04
박재민	이사	203	0.01
차성덕	이사	1,699	0.05
오뚜기재단	계열재단	275,000	7.99
알디에스	계열사	16,000	0.47
오뚜기제유	계열사	39,000	1.13
상미식품	계열사	110,291	3.21
오뚜기라면	계열사	100,000	2.91
품림피앤피	계열사	30,000	0.87
오뚜기 물류서비스	계열사	46,580	1.35
애드리치	계열사	10,000	0.29
합계		2,149,482	62.47

자료: 오뚜기 사업보고서, 2016.

기 같은 착한 기업조차도 경제적 이기심에서 자유롭지 못하다면 지배주주가 존재하는 대한민국 대부분의 기업은 지배주주의 이익을 다른 주주의 이익보다 우선시할 개연성이 매우 크다고 할 수 있다.

오뚜기 지분 구조도는 2016년 말 각 사 감사보고서를 기준으로 작성한 것이다. 지분 구조도를 보면 오뚜기가 중심이 돼 주요 계열사를 소유하고 있다. 오뚜기의 주주는 함영준 외 특수 관계인이 62.19%를 보유하고 있다. 오뚜기의 세부 주주 명단을 보면 함영준 회장을 중심으로 친족의 지분이 44.15%이며, 나머지 지분은 오뚜기의 타 계열사 및 오뚜기재단이 보유하고 있다. 세부 주주 명단은 〈표 3-10〉의 오뚜기 지배주주 현황을 보면 알 수 있다.

오뚜기 지배주주 세부 현황에서 알 수 있듯이 실질적으로 오뚜기를 지배하는 주주는 함영준 회장이다. 지분 구조도에서 노란색으로 표시한 오뚜기 물류서비스, 오뚜기SF, 오뚜기제유, 알디에스, 애드리치 등 5개 사는 함영준 회장의 개인 지분이 특히 많은 기업이다. 즉, 함영준 회장과 타 주주의 이해관계가 상충할 소지가 많은 기업들이다.

애드리치

애드리치는 2005년에 설립되었고 2016년 말 자본금은 3억 원이다. 애드리치의 주요 사업은 광고 대행 및 광고물 제작이다. 오뚜기 그룹은 주력 사업이 식품 사업이며 BtoC(Business to Customer) 사업에 집

주주	주식 수	지분(%)
함영준	20,000	33.3
함윤식	10,000	16.7
함연지	10,000	16.7
오뚜기라면	10,000	16.7
오뚜기	10,000	16.7
합계	60,000	100.0

자료: 애드리치 감사보고서, 2016.

중하기 때문에 일반 소비자를 대상으로 한 판매 활동이 많다. 따라서 애드리치의 대표적인 사업 분야는 소비자를 상대로 한 기업 이미지 광고, 제품 판매 광고이다.

주요 주주로는 함영준 회장과 그 일가가 있다. 함영준 회장의 지분은 33.3%이다. 함 회장 일가가 보유한 지분은 총 66.7%이다. 그러므로 실질적으로 함영준 회장의 개인 회사라고 볼 수 있다.

애드리치의 경영 실적을 보면 2010년부터 2016년까지 7년 연속 영업이익률을 10% 수준으로 달성하고 있다. 매년 1억 5000만 원 이상 배당하고 있어서 배당 성향은 15~20% 수준이다. 매출액 100억 원 수준으로 규모의 경제가 있다고 보기 어려운 상황에서 광고 관련 영업에서 7년 이상 이익을 내기는 어려운 일이다. 특수 관계인과의 매출은 매년 20%에서 15% 수준이며 주요 거래 파트너는 오뚜기와 오뚜기라면이다.

〈표 3-12〉 애드리치 경영 실적 및 주요 경영 사항

(단위: 억 원)

	2010	2011	2012	2013	2014	2015	2016
매출액	84.0	83.6	89.1	120.6	130.5	74.7	88.9
영업이익	13.2	8.3	10.9	12.5	10.9	9.2	15.9
비율(%)	15.7	9.9	12.2	10.4	8.4	12.3	17.9
순이익	11.3	8.2	10.1	11.4	10.3	11.2	7.0
특수 관계인 매출	18.2	16.1	14.1	15.3	20.3	15.9	13.5
비율(%)	21.7	19.3	15.8	12.7	15.6	21.3	15.2
배당	1.5	1.5	1.5	1.5	2.4	2.4	1.5
배당 성향(%)	13.3	18.3	14.9	13.2	23.3	21.4	21.4
대표이사	정만석	정만석	정만석	정만석	정만석	정만석	김재훈

자료: 애드리치 감사보고서.

제한된 정보로 애드리치의 오뚜기 계열사 및 제3자와의 거래에서 얻은 이익률을 보기 어렵기 때문에 현재의 자료로 애드리치의 경영 성과를 일감 몰아주기라고 판단하기는 어렵다. 그러나 추측해보면 광고업계의 일반적인 규모가 영세하기 때문에 수익을 내기는 어려운 구조이다. 그러므로 애드리치 역시 함 회장의 눈에 보이는, 혹은 보이지 않는 지원이 있었을 가능성이 높다고 추측할 수 있다. 즉, 오뚜기와 오뚜기라면과의 거래 이익률이 이해관계가 없는 제3자보다 높다고 추측해볼 합리적 이유가 있다.

그리고 2015년에 함영준 회장은 애드리치의 이사로 재직하고 있어서 함 회장은 애드리치에서 배당금은 물론 급여까지 수령했을 개연성이 크다.

알디에스

1981년에 설립되어 소프트웨어 개발, 소프트웨어 유지 보수, 전산 장비 임대 및 판매를 주요 영업 분야로 삼고 있다. 즉, 알디에스는 오뚜기그룹의 정보 통신 분야를 담당하는 기업이다. 2016년 말 기준으로 자본금은 2억 원이다. 계속 반복해서 설명하듯이 일정 규모 이상의 기업은 자체 정보 통신 회사를 보유하면서 이를 통해 그룹사 간 매출을 일으키고 이 과정에서 일감 몰아주기가 일어날 개연성이 높다. 왜냐하면 어떤 기업이든 내부 관리와 운영을 위해서는 정보 통신 서비스가 꼭 필요하기 때문이다.

알디에스의 주주는 함영준(60%), 함영제(20%), 오뚜기(20%)로 구성되어 있다. 주주 구성만 본다면 실질적으로 함영준 회장의 개인 회사다. 대표이사는 김종갑으로 등록되어 있으나 2017년 3월부터 함영준 회장이 이사로 선임되었다. 알디에스의 주주 구성과 경영진 구성, 영업 상황으로 미루어 오뚜기그룹과의 내부 거래가 많은 회사일 것으로 짐작된다.

알디에스는 2016년 매출액 83억 3000만 원, 영업이익 22억 7000만 원(27.3%)의 높은 영업이익을 달성했다. 2013년 정보부터 이용 가능한데, 분석 결과 2013년부터 2016년까지 꾸준히 높은 영업이익률을 달성했다. 자본금 3억 원으로 설립된 회사가 이렇게 높은 이익률을 달성하는 것을 보면 경영진의 경영 능력이 탁월하다고 볼 수도 있다.

<표 3-13> 알디에스 주주 구성

주주	주식 수	지분(%)
함영준	24,000	60.0
함영제	8,000	20.0
오뚜기	8,000	20.0
합계	40,000	100.0

자료: 알디에스 감사보고서, 2016.

그러나 특수 관계인과의 매출을 보면 2013년 94.4%로 매우 높았고 이후 점차 감소하면서 2016년에는 59.8%의 그룹 매출 의존도를 보이고 있다. 2014년부터 꾸준히 2억 원씩 배당하고 있다. 이익 규모에 비해 배당금이 너무 적은 것이 이상하게 보일 정도이다. 순이익이 15억 원에서 18억 원 수준이면 더 많은 배당금을 지급해도 될 것이다.

2017년 1분기 오뚜기 사업보고서를 보면 오뚜기는 알디에스 지분 80%를 소유하고 있다. 함영준 회장이 보유한 지분 60%를 매입했다고 추정할 수 있다. 함영준 회장은 상속세 약 1500여 억 원을 5년간 분할 납부하기 때문에 매년 약 300억 원의 자금이 필요하다. 상속세를 내기 위해 현금을 확보할 목적에서 처분했다고 추정할 수 있다.

얼마나 공정한 가격에 처분했는지가 주요 이슈로 떠오를 것이다. 함영준 회장이 의도했건, 의도하지 않았건 오뚜기는 알디에스의 지분을 다소 높은 가격에 매입하지 않았을까 하고 추정해볼 수 있다. 그리고 이 거래가 즉흥적인 거래라고 보기도 어렵다. 이미 제기한 것처

〈표 3-14〉 알디에스 경영 실적 및 주요 경영 사항

(단위: 억 원)

	2013	2014	2015	2016
매출액	145.2	63.1	83.2	83.3
영업이익	11.5	17.2	21.2	22.7
비율(%)	7.9	27.3	25.5	27.3
순이익	9.8	14.9	18.2	18.0
특수 관계인 매출	137	53	67.1	59.8
비율(%)	94.4	84.0	80.6	71.8
배당	0	2	2	2
배당 성향(%)	0.0	13.4	11.0	11.1
대표이사	김종갑	김종갑	김종갑	김종갑

자료: 알디에스 감사보고서.

럼 비상장회사 그리고 지배주주의 지분이 높은 회사에서 많은 이익이 발생하는데도 상대적으로 낮은 배당금을 지급하고 있다. 좀 더 높은 가격에 팔기 위해 사전에 미리 준비한 것으로 오해할 만한 소지가 있다.

오뚜기의 2017년 1분기 사업보고서상 오뚜기가 보유한 알디에스의 장부 가치는 161억 5000만 원이다. 2016년 말 기준으로 오뚜기가 보유한 알디에스의 장부 가치는 6억 원(20%)이다. 오뚜기는 지배주주에게서 알디에스의 지분 60%를 약 155억 5000만 원에 매입한 것이다. 물론 특수 관계인이기 때문에 오뚜기가 알디에스의 주식 매입에는 제3의 평가기관이 선임되어 가치 평가를 했을 것이다. 그러나 가치 평가는 여러 가지 방법이 있고 주요 변수가 평가자의 주관에 따라

좌지우지될 수 있다. 과연 알디에스 지분 60%가 155억 5000만 원의 가치가 있는지 약식으로 평가해보자.

알디에스 지분 60%가 155억 5000만 원이면 알디에스의 전체 가치는 약 259억 원이라고 할 수 있다. 2016년 영업이익 22억 7000만 원에 할인율 10%를 적용해 영구 현금 흐름 가치로 평가하면 알디에스의 기업 가치는 227억 원이다. 계산한 227억 원에서 2016년 말 순차입금 약 30억 원을 제하면 알디에스의 지분 100%의 가치는 197억 원이다. 259억 원과 197억 원이면 62억 원의 차가 나고 이는 197억 원 기준으로 31%나 높은 금액이다. 아마도 본 거래는 비상장회사의 가치 평가이기 때문에 세법에서 정한 수익 가치와 장부 가치의 가중 평균 방법으로 평가했을 것이다. 그리고 보조적으로 현금 할인 평가 방법(Discounted Cash Flow: DCF)으로도 했을 것이다.

그러므로 절차상으로는 문제가 발생할 소지가 매우 적겠으나 그 내용을 보면 아무래도 함 회장을 포함한 지배주주에게 유리하게끔 가치를 평가했을 개연성을 완전히 배제할 수는 없을 것이다. 그러므로 오뚜기의 주주들은 함 회장을 포함한 지배주주에게 이 거래와 관련해 62억 원을 십시일반으로 보태준 것이라고 볼 수도 있다. 오뚜기의 주식을 산 기관투자가는 물론 개인 투자자들까지 자신들의 주식가치를 자기도 모르게 훼손하면서 비자발적으로 함영준 회장을 포함한 지배주주에게 돈을 갖다 바친 것으로 확대 해석할 수도 있다. 물론 모든 주주들이 함 회장이 상속세를 내는 것을 도와주기로 합의했다면 문제 될 것이 없으나 그렇지 않다면 기타 주주의 부가 지배주주에게로 이전된 결과라고 볼 수도 있다.

이 거래 이후 알디에스가 과거처럼 많은 이익을 낼 수 있을지는 향후 지켜보아야 할 포인트이다. 그러나 함영준 회장이 2017년 3월 알디에스의 이사로 선임되었기 때문에 함 회장의 급여를 주기 위해서라도 과거 유사하거나 소폭 줄어든 규모로 이익을 창출할 것으로 예측할 수 있다. 함 회장의 부는 모두 오뚜기에서 나오기 때문에 함 회장이 상속세를 내기 위해 오뚜기의 지분을 파는 극단적인 결과는 좀처럼 관찰하기 어려울 것이다. 만약 함 회장이 오뚜기의 지분을 파는 의사 결정을 한다면 이는 상속세를 내기 위해 어쩔 수 없어서이거나 팔아도 부를 확대하고 경영권을 유지할 수 있는 플랜 B가 확보됐기 때문이라고 볼 수 있다.

다시 이야기하지만 규모가 일정 수준 이상 되는 정보 통신 서비스 회사는 지배주주에게는 황금알을 낳는 거위라고 할 수 있다. 그리고 그러한 회사의 대표이사나 주요 경영진은 보통 지배주주에게 엄청난 신임을 받는 사람으로 채워질 가능성이 높다.

오뚜기제유

오뚜기제유는 1980년 풍림주식회사로 설립되었으며 1994년에 상호를 오뚜기제유 주식회사로 변경했다. 오뚜기제유는 참기름, 후추,

와사비 등의 제조 판매를 주 사업으로 하고 있다. 2016년 말 자본금은 15억 원이다.

주주는 함영준 회장(26.5%), 오뚜기(29%), 상미식품(10%), 기타 주주(34.5%)로 구성돼 있다. 다른 계열사와 달리 기타 주주의 비율이 제일 높다. 두 가지로 추측한다면 과거 풍림주식회사의 주주들이거나 함영준 회장의 일가 친척일 가능성이 있다. 후자라면 오뚜기제유도 사실상 오뚜기 지배주주들의 개인 회사일 개연성이 크다.

오뚜기제유는 2016년 매출액 873억 2000만 원, 영업이익 55억 7000만 원, 순이익 76억 5000만 원을 달성했다. 매출액 873억 2000만 원 중 약 74%인 645억 원이 특수 관계 회사와의 거래에서 발생했다. 대부분의 특수 관계인 매출은 오뚜기가 차지한다. 1999년 이후 영업이익 기준으로 단 한 번의 적자도 없다. 이렇게 안정적이고 확실한 사업인데 오뚜기라는 기업은 왜 이 사업을 직접 하지 않을까? 필자가 오뚜기의 경영진이고, 오직 오뚜기의 기업 가치를 증가시키는 데 그 목표가 있다면 절대로 오뚜기제유에서 많은 원재료를 구매하지 않을 것이다.

오뚜기제유가 생산해 판매하는 품목은 상대적으로 진입 장벽이 낮고 고도의 기술이 필요하지 않다. 기술적인 탁월함보다는 얼마나 확실한 구매처를 잡고 있는지가 중요하다. 그러므로 오뚜기라는 회사 자체적으로 오뚜기제유를 대체할 수 있을 것이다. 예를 들어 하나의 사업부로 대체할 수 있을 것이고 유사한 아이템을 오뚜기제유가

<표 3-15> 오뚜기 제유 주주 구성

주주	주식 수	지분(%)
함영준	79,570	26.5
오뚜기	87,000	29.0
상미식품	30,000	10.0
기타	103,430	34.5
합계	300,000	100.0

자료: 오뚜기제유 감사보고서, 2016.

아니라 제3자에게서 좀 더 저렴하게 공급받으려는 시도가 많이 이루어졌을 것이다. 만약 오뚜기제유가 제3자의 기업이고 오뚜기와 어떠한 이해관계도 없다면 오뚜기제유가 이렇게 꾸준하게 영업이익을 창출할 수 있었겠는가? 심지어 2007년과 2008년에도 이익을 창출했으며 그 이익률은 전년도와 대비해 크게 변하지 않았다.

오뚜기라는 회사가 존재하지 않더라도 오뚜기제유가 현재와 같은 이익을 창출할 수 있을지에 대해 필자는 확신을 갖고 말할 수 없다. 다시 말하면 오뚜기의 주주들 역시 십시일반으로 오뚜기제유에 가치를 나눠준다고 추정할 수 있다. 그리고 오뚜기제유가 얻은 가치 중 다시 오뚜기 주주에게 돌아가는 비율은 29%이고 나머지 71%는 지배주주 혹은 지배주주와 관련 있는 주주에게 돌아간다고 추정할 수 있다.

〈표 3-16〉 **오뚜기 제유 경영 실적 및 주요 경영 사항**

(단위: 억 원)

	2010	2011	2012	2013	2014	2015	2016
매출액	302.9	327.9	440	512.8	671	807.1	873.2
영업이익	33.6	14.9	36	23.8	24	44.2	55.7
비율(%)	11.1	4.5	8.2	4.6	3.6	5.5	6.4
순이익	34.1	20	34.5	102.7	27.6	44.1	76.5
특수 관계인 매출	245.1	247.8	357.6	427.5	572.4	639.6	645.6
비율(%)	80.9	75.6	81.3	83.4	85.3	79.2	73.9
배당	11	6	4.5	6	15	6	10.5
배당 성향(%)	32.3	30.0	13.0	5.8	54.3	13.6	13.7
대표이사	박한욱	유익제	유익제	유익제	유익제	유익제	최승영

자료: 오뚜기제유 감사보고서.

오뚜기 물류서비스

오뚜기 물류서비스는 물류 사업을 목적으로 1995년에 설립되었다. 1999년에 백암물류 주식회사에서 오뚜기 물류서비스 주식회사로 상호를 변경했으며 2003년 관계 회사인 풍림종합물류 주식회사를 흡수 합병했다. 2016년 말 자본금은 10억 8400만 원이다.

오뚜기 물류서비스의 주주는 오뚜기, 상미식품, 오뚜기라면, 함영준 회장, 기타 주주로 구성돼 있다. 오뚜기 물류서비스는 상대적으로 지배주주 일가의 지분이 다른 계열사보다 낮아 보인다. 오뚜기의 지분이 46.6%로 가장 높다. 그러나 지배주주가 보유한 간접 지분을 고

〈표 3-17〉 오뚜기 물류서비스 주주 구성

주주	주식 수	지분(%)
오뚜기	101,000	46.6
상미식품	36,000	16.6
오뚜기라면	32,000	14.8
함영준	36,800	17.0
기타	11,000	5.1
합계	216,800	100.0

자료: 오뚜기 물류서비스 감사보고서, 2016.

러한다면 오뚜기 물류서비스는 50%가량을 지배주주가 직간접으로 보유한다고 말할 수 있다. 물류 회사 역시 그룹 내에서 정보 통신 회사처럼 지배주주가 소유하면서 부를 축적하는 좋은 수단이다. 제품을 제조하는 기업은 이를 운송하기 위해 물류비가 드는데 별도의 회사를 세워 운송 업무를 맡기면 주요 계열사의 일감을 몰아줄 수 있기 때문이다.

오뚜기 물류서비스 역시 다른 계열사와 유사하게 지속적으로 성장하고 있다. 오뚜기가 성장하는 만큼 오뚜기 물류서비스도 성장하는 것이다. 특기할 만한 것은 2010년부터 2016년까지의 외형 성장은 67%이지만 영업이익 규모는 50억 원 내외로 일정하다. 특수 관계인의 매출 비중 역시 70%에서 80% 사이로 높은 편이다. 오뚜기 및 다른 계열사가 존재하지 않았더라면 이렇게 높은 특수 관계인 매출이 발생하기 어려웠을 것이다. 배당금은 영업이익이 일정한데도 2010년

<표 3-18> 오뚜기 물류서비스 경영 실적 및 주요 경영 사항

(단위: 억 원)

	2010	2011	2012	2013	2014	2015	2016
매출액	672.4	752.8	834.6	931.5	944	103.3	1,126.7
영업이익	50	49.1	46.2	42.9	42.6	48.6	54.8
비율(%)	7.4	6.5	5.5	4.6	4.5	4.7	4.9
순이익	49.1	41.4	42.1	39.7	34.5	41.6	47.8
특수 관계인 매출	477	513	548	664.9	719.1	785.5	890.1
비율(%)	70.9	68.1	65.7	71.4	76.2	76.0	79.0
배당	5.4	5.4	5.4	5.4	7.6	8.6	10.8
배당 성향(%)	11.0	13.0	12.8	13.6	22.0	20.7	22.6
대표이사	강세영	곽현	곽현	곽현	곽현	곽현	곽현

자료: 오뚜기 물류서비스 감사보고서.

5억 4000만 원에서 2016년 10억 8000만 원으로 두 배가 됐다.

오뚜기의 모든 의사 결정이 완벽하게 독립적인 이사회에서 내려졌다면 오뚜기 물류서비스의 주주는 오뚜기 혹은 오뚜기라면이 될 것이다. 주로 오뚜기와 오뚜기라면이 물류 서비스가 필요하므로 두 회사가 50%씩 출자해 물류 회사를 설립할 수도 있었을 것이다. 아니면 오뚜기와 오뚜기라면이 제품의 수송을 비용이 좀 더 저렴한 외부 운송업체에 위탁할 수도 있을 것이다.

오뚜기 경영진은 물류 서비스가 매우 중요하기 때문에 이를 신뢰성이 검증되지 않은 제3자에게 맡기는 것은 위험하다고 볼 수 있다. 즉, 제3자가 운영하면 화물 연대의 파업 등으로 제품 공급에 차질을 빚을 수 있다고 주장할 수도 있다. 그러한 주장에 100% 동의한다 할

지라도 오뚜기 물류서비스의 주주 명단에 함영준 회장이 들어 있다는 것은 이해하기 어렵다. 오뚜기와 오뚜기라면이 너무 착해서 함영준 회장에게 그러한 투자 기회를 제공한 것으로 이해할 수 있을까? 그러한 투자 기회가 있다면 사람들은 아마도 돈을 싸서 줄을 설 것이다. 반대로 함 회장의 지분이 전혀 없다면, 그리고 제3자가 오뚜기 물류서비스를 소유하고 있다면 이처럼 꾸준하게 이익을 창출할 수 있을까?

오뚜기SF

오뚜기SF는 1998년 수산물 가공 및 판매를 목적으로 설립되었다. 2008년 사명을 대평식품㈜에서 오뚜기SF㈜로 변경했다. 2016년 말 자본금은 17억 원이다. 오뚜기SF의 주주는 오뚜기(47.1%), 함영준(14.4%), 함윤식(38.5%)으로 구성되어 있다. 함영준 회장과 함윤식의 지분을 합하면 오뚜기가 보유한 47.1%보다 많은 52.9%이다. 그리고 오뚜기의 특수 관계인 지분이 약 62%인 것을 감안한다면 오뚜기의 지배주주들은 오뚜기SF의 주식을 직간접으로 약 82% 소유하고 있다.

오뚜기SF는 2010년 매출액 178억 9000만 원에서 2016년 437억 2000만 원으로 7년간 144% 성장했다. 같은 기간 영업이익은 25억 4000만 원에서 20억 2000만 원으로 감소했다. 특수 관계인의 매출은 2010년 66%에서 2016년 75.3%로 증가했다. 2012년 이후 배당을 하지 않다가 2016년에 3억 4000만 원을 배당했다.

〈표 3-19〉 오뚜기SF 주주 구성

주주	주식 수	지분(%)
오뚜기	160,000	47.1
함영준	49,000	14.4
함윤식	131,000	38.5
합계	340,000	100.0

자료: 오뚜기SF 감사보고서, 2016.

표면적으로 오뚜기SF는 지배 구조상 큰 문제가 보이지 않는다. 그러나 오뚜기 물류서비스와 동일 선상에서 오뚜기에 필요한 수산물 등을 왜 오뚜기가 100% 투자하지 않고 지배주주들이 과반을 넘게 투자했을까 하는 의문이 든다. 오뚜기가 자금이 부족하거나 위험을 회피하기 위해 지배주주와 공동으로 투자했다고 주장할 수도 있다.

과연 오뚜기의 규모가 오뚜기SF에 100% 출자하지 못할 정도로 작은 회사이며 부담이 될까? 오뚜기SF의 2016년 말 자본금은 17억 원이다. 즉, 2016년 말 기준으로 매출액 1조 9000억 원인 오뚜기가 자금 부담 때문에 17억 원 규모의 회사를 100% 자회사로 설립하지 않았다고 말하기는 무리가 있어 보인다. 위험 부담 측면에서 지배주주와 공동으로 투자했다고 설명한다면 이 역시 다소 무리가 있어 보인다.

오뚜기SF의 오뚜기 매출 의존도는 70%를 넘어선다. 오뚜기SF와 오뚜기를 한 몸으로 봐도 무방할 수준이다. 오뚜기에 경영상의 위험이 발생하면 오뚜기SF에도 경영상의 위험이 발생할 수 있다는 뜻이

<표 3-20> 오뚜기SF 경영 실적 및 주요 경영 사항

(단위: 억 원)

	2010	2011	2012	2013	2014	2015	2016
매출액	178.9	156.3	164.9	221.1	225.8	259.1	437.2
영업이익	25.4	6	-6.6	11	14.8	17.5	20.2
비율(%)	14.2	3.8	-4.0	5.0	6.6	6.8	4.6
순이익	21.6	6.9	-2.6	11.2	13.4	15.4	16.1
특수 관계인 매출	118	93.2	105.4	146.5	144.9	165.1	329.2
비율(%)	66.0	59.6	63.9	66.3	64.2	63.7	75.3
배당	0	3.4	0	0	0	0	3.4
배당 성향(%)	0.0	49.3	0.0	0.0	0.0	0.0	21.1
대표이사	이대용	김기수	김기수	김기수	김기수	김기수	김기수

자료: 오뚜기SF 감사보고서.

다. 그러므로 지배주주와 공동 투자를 하더라도 오뚜기의 경영상의 위험을 분산하기는 어려울 것이다. 정말 경영상의 위험을 분산하고 싶었다면 대주주가 아닌 제3의 투자자와 합작 투자를 했을 것이다.

오뚜기의 지배주주인 함영준 회장이 상속세 1500여 억 원을 납부한 것은 칭찬받아 마땅한 일이다. 물론 상속에 따른 소득이 발생하면 상속세를 내는 것이 당연하겠지만 다른 편법 상속이 활개 치는 작금의 상황에서 오뚜기 함 회장은 충분히 박수받을 자격이 있다. 그리고 그간 오뚜기가 해온 기업의 사회적 책임, 비정규직 노동자의 정규직화 등은 타 기업의 모범이 될 수 있다. 혼자의 배만 불리지 않고 상생의 경영을 한다는 점에서 오뚜기 같은 기업이 많이 생기고 번창하기를 희망한다.

그러나 오뚜기 역시 지배주주와 기타 주주 간의 이해관계가 상충되면 어쩔 수 없이 지배주주의 이익을 따르는 데 충실했다고 판단할 수 있다. 다른 관점에서 오뚜기의 상속세 1500억 원을 본다면, 지금까지 기타 주주의 십시일반으로 축적한 부가 원천이 됐을 개연성이 크다. 그리고 5년간 분할 납부를 한다고 했기 때문에 함영준 회장으로서는 더 많은 현금이 필요할 것이다. 즉, 이는 앞으로 오뚜기가 더 많은 일감을 함 회장이 개인 회사처럼 소유한 기업에 몰아줄 개연성을 배제할 수 없음을 뜻한다. 더 나아가 함 회장은 자신이 개인 회사처럼 소유한 기업들의 지분을 오뚜기, 혹은 그 관계 회사들에 다소 높은 가격으로 매각하게 될 가능성도 배제할 수 없다.

일감 몰아주기의 폐해

일감 몰아주기는 단순히 지배주주와 기타 주주 혹은 지배주주와 채권자의 부의 분배 문제에서 끝나는 것이 아니다. 일감 몰아주기는 경제학에서 일컫는 외부 효과를 발생시킨다. 외부 효과는 나의 행위가 내가 의도하지 않은 효과를 발생시키는 것이다. 이러한 외부 효과는 사회 전체적으로 좋은 것도 있고 나쁜 것도 있다.

예를 들어, 음악을 좋아하는 사람 A가 있다. A는 음악을 좋아하기 때문에 아파트에서 볼륨을 최대한 틀어 놓고 음악을 즐긴다. A는 자신이 좋아하는 음악에 몰입해 감상하지만 위층에 사는 고3 수험생의 피해는 이만저만이 아니다. 이러한 것은 나쁜 외부 효과에 속한다.

반대로 B는 꽃을 재배한다. 1만 평 이상의 밭에다 꽃을 재배하고 있다. 옆집 C는 양봉업을 한다. 운 좋게 C의 양봉장은 B의 꽃밭 옆에 있다. C는 B 덕분에 꽃을 따라 이사 다니지 않아도 돼서 비용을 많이 절감할 수 있다. 이것은 좋은 외부 효과에 속한다. 일감 몰아주기는 좋은 외부 효과보다는 사회 전체적으로 해가 되는 외부 효과를 발생시킬 가능성이 높다.

산업의 성장을 제한

일정 규모 이상의 기업은 전부 내부 전산망을 구축하고 관리하는 IT 계열사를 거느린다. 대표적으로 SK C&C가 있다. SK C&C, 지금은 SK라는 사명으로 변경했다. SK는 SK그룹에 정보 통신 서비스를 공급한다. SK의 2016년 정보 통신 관련 매출액은 1조 4000억 원이다. 삼성그룹에 IT 서비스를 제공하는 삼성SDS의 2016년 매출액은 4조 원이며 이 중 IT 서비스 관련 매출액은 3조 8000억 원이다. 이 외에 규모가 일정 이상 되는 기업은 대부분 자체 IT 서비스 회사를 보유하고 있다. 이런 관행의 대외적인 이유는 필요한 서비스를 자체적으로 공급하기 위해서이다.

또 IT 분야는 보안이 중요하고 회사 기밀이 있기 때문에 제3의 업체에 맡기지 않는다는 표면적인 이유가 있다. 그러나 그룹의 IT를 담당하는 기업을 통해 지배주주가 부를 축적하고 확대해온 것이 실상이다. 우리나라 기업들은 내부 의사 결정 시스템을 구축하기 위해서 SAP, 오라클에 수십억 원에서 수백억 원을 지출한다. 그리고 이의 유지 보수에도 많은 금액을 지급한다. 기업의 내부 정보 저장을 위해서 IBM에서 많은 전산 장비를 임차하거나 구입해서 사용한다.

만약 우리나라의 기업들이 자체적으로 IT 기업을 그룹사에 만들지 않고 외주를 주거나 제3의 업체의 서비스를 이용한다면 어떤 결과가 나타날까? 우리나라의 기업용 정보 통신 서비스 시장의 규모는 엄청나게 확대돼서 많은 벤처기업은 물론 정보 통신 기업들이 이 시장에 앞다투어 뛰어들 것이다. 그럼 우리나라의 기업들은 SAP, 오라클의 소프트웨어를 사용하는 것이 아니라 우리나라 기업이 만든 소프트웨어를 많이 사용할 것이다. 그리고 한국에서도 IBM 같은 기업들이 출현했을 것이다.

지배주주의 이익을 좇다 보니 기타 주주의 부가 지배주주에게 손쉽게 이전된다. 국내의 정보 통신 시장 규모는 12조 원 이상으로 크지만 실제 제3자가 진입할 수 있는 시장은 전체 시장에서 매우 작은 부분에 지나지 않는다. 그래서 기업에 정보 통신 서비스와 시스템을 제공해주는 기업의 규모는 영세하고 높은 이익을 기대할 수 없게 되었다.

소규모 기업들이 작은 시장을 두고 치열하게 경쟁하고 이익률도 하락하고 있다. 그 결과로 우리나라에서는 SAP, 오라클, IBM 같은 회사가 출현하지 못하는 것이다. 일감 몰아주기는 산업의 성장을 저해해 장기적으로 개별 기업이 더 높은 비용으로 IT 서비스를 이용하는 비효율을 야기할 수 있다. 이는 시장 전체적으로 비효율이 발생하는 것이고, 그 비효율 안에서 오로지 지배주주만이 이익을 볼 수 있는 구조가 된다. 만약 일감 몰아주기가 없었더라면 우리나라의 정보 통신 기업들은 지금쯤 SAP, 오라클, IBM과 글로벌 경쟁을 하고 있을지도 모른다.

부의 대물림을 당연시함

일감 몰아주기로 돈을 버는 것은 땅 짚고 헤엄치기다. 현대글로비스와 이노션에서 보듯이 지배주주는 7만 1900% (현대글로비스), 3만 222%(이노션)라는 전대미문의 투자수익률을 올릴 수 있다. 세계적인 투자의 귀재 워런 버핏의 두 배 이상이나 되는 투자수익률을 매년 올리는 것이다. 정말 그들이 탁월하게 기업을 보는 안목이 있어서 이러한 수익률을 올릴 수 있을까? 정의선 부회장과 정성이 이사가 현대가의 사람이었기에 가능한 일이었을 것이다.

제3자가 물류회사를 차리고 광고 회사를 차려서 이러한 투자수익률을 올린 사례를 본 적이 없다. 이들 지배주주 혹은 재벌들은 경쟁하지 않는 상태에서 너무나도 손쉽게 돈을 버는 것이다. 그들은 수십억 원의 투자 원금으로 수조 원을 벌었다. 만약 일반 직장인이 월급을 모아서 그 금액을 벌려고 한다면, 그의 수명이 지구의 나이인 46억 년이 돼도 불가능한 일이다.

일감 몰아주기는 지배주주가 회사를 자기 마음대로 컨트롤하기 때문에 발생할 수 있는 결과다. 이들은 이렇게 손쉽게 얻는 부를 통해서 자신의 부모에게서 셀 수 없을 만큼의 자산을 상속받고 그에 따른 기업들도 상속받는다. 그 과정에서 상속세는 최대한 편법으로, 혹은 불법으로 내지 않고, 내야 할 돈이 있다면 일감 몰아주기를 통해서 얻은 돈으로 내면 되는 것이다. 이러한 상황이 수십 년 동안 지속되다 보니 일반 국민은 한번 재벌은 영원한 재벌이라고 생각하기 시작했다. 그리고 자신이 노력해서 부자가 될 수 있다는 꿈을 접은 지 오래다. 몇몇 사람이 대한민국의 부를 틀어쥐고 있는 상황에서 나머지 부를 두고 서로 각박하게 살아가게 된다. 점점 미래에 대한 희망을 잃고 21세기 신종 노예로 하루를 살아가는 경우가 허다해진 것이다.

이와 더불어 사회 계층 간의 이동이 자신의 노력으로는 점점 어려워지는 사회 구조가 되어간다. 대한민국의 국민은 평등하지만 지배주주들은 국민이 아니라 국민 위에 사는 신처럼 불평등한 모습이 되는 것이다. 이를 바라보는 일반 국민도 너무 오랫동안 이러한 상황이 지속되다 보니 이를 당연하게 여기는 경향이 강해졌다. 결국 사회가 전체적으로 활력을 잃고 정체되는 것이다. 장기적으로 이에 따른 피해는 일반 국민뿐만 아니라 지배주주들에게도 돌아갈 것이다. 아마

일반 국민이 다 죽으면 그 다음 차례는 지배주주가 될 것이다. 이러한 상황을 미연에 방지하기 위해서라도 일감 몰아주기는 우리가 청산해야 할 적폐이다.

기타 주주의 부를 도둑질함

자영업자나 일반 직장인이 가장 크게 목돈을 불리는 방법에는 부동산 투자와 주식 투자가 있다. 10년 전에 사 놓은 집이 시세가 오르거나 우연히 산 주식의 가치가 증가하며 자산이 불어나는 것이다. 특히 주식 투자는 소규모의 자금으로 누구나 할 수 있다. 그래서 일반인들은 직접 주식에 투자하거나 펀드에 가입해 간접적으로 투자한다.

우리는 투자한 기업의 미래 실적이 좋을 것이라는 기대로 주식 투자를 하지만 실제 실적은 우리가 생각한 만큼 나오지 않는다. 전 세계적인 경기 흐름의 영향과 산업 고유의 특수한 사이클로 주식의 수익률이 결정된다. 그러나 지배주주가 존재하는 기업에 투자했을 때는 지배주주와 소액 주주의 대리인 비용으로 주가 상승이 제한받는 상황도 발생한다.

현대글로비스, 이노션, 농심, 오뚜기에서 보듯이 실제로 지배주주가 일감 몰아주기를 하지 않았다면 현대차, 농심, 오뚜기의 주가는 지금보다 더 높을 것이다. 일반인은 없는 돈을 쪼개서, 혹은 용돈을 아껴서 기업에 투자하지만 결과적으로 투자 수익 일부를 매년 재벌들이 편취하는 형태가 되는 것이다. 나쁜 의미로는 재벌들이 합법적으로 일반 투자자, 즉 기타 주주의 부를 훔쳐가는 것이다. 매일 우리는 눈을 뜨고 살지만 이러한 면에서 장님과 다를 바 없다. 알아도 막을 도리가 없고 모르면 당연히 더욱 막을 도리가 없는 것이다.

기타 주주가 자발적으로 재벌에게 자신의 부를 조금씩 이전하거나 자신이 받아야 할 정당한 몫의 투자 수익을 양보하고 싶을까? 일감 몰아주기가 계속되는 한 우리는 눈 뜨고 코를 베이는 상황에 놓이고 매번 우리 코는 베어져서 나중에는 코가 없어질 것이다.

일감 몰아주기 상황에서 주식 투자를 해야 한다면?

이 책이 출판되어도 개인의 주식 투자 비율은 줄지 않을 것이다. 오히려 상승장일 때는 더욱 증가할 것이다. 그럼 일감 몰아주기를 받아들이는 마음 넓은 사람이 되겠다고 마음먹었다면, 소액 주주들이 취해야 할 행동은 무엇일까? 주식 투자를 할 때 지배주주와 한배에 타라고 조언하고 싶다.

현대차그룹에 투자하고 싶다면 장기적으로 현대모비스에 투자하는 것이 옳은 선택일 것이다. 왜냐하면 현대모비스는 정몽구 회장 일가가 현대차그룹을 지배하는 데 핵심적인 회사이기 때문이다. 오뚜기그룹에는 투자하지 않기를 바란다. 오뚜기그룹 주변의 다양한 비상장회사들이 오뚜기그룹에 빨대를 꽂고 그 이익을 대놓고 가져간다고 추정할 수 있는 정황이 있기 때문이다.

지배주주와 같은 배를 타기 위해서는 1차적으로 지배주주가 가장 많이 주식을 보유한 기업에 투자하는 것이다. 현대차그룹에 투자하는 두 번째 좋은 방법은 현대글로비스 주식을 사는 것이다. 언젠가 정몽구 회장은 경영 일선에서 물러나야 할 것이고 정의선 부회장이 이를 상속받는다고 가정한다면, 정의선 부회장의 지분이 가장 많은, 즉 정의선 부회장의 부를 늘려줄 도구가 된 현대글로비스에 투자해야 한다. 정의선 부회장은 현대글로비스의 지분을 매각해 상속에 필요한 재원을 마련할 개연성이 크다. 그러면 설명할 수 없는 이유에 의해 현대글로비스의 주가가 오를 가능성이 크다.

두 번째로 고려해야 할 것이 그룹별 주요 상장사마다 핵심 회사를 찾고 그 핵심 회사가 일감을 얼마나 주변 회사들에 몰아주는지 파악하는 것이다. 핵심 회사이지만 일감을 과도하게 주변 회사에 몰아준다면 그 핵심 회사는 피해야 한다. 지주회사 체제의 기업에서 가장 손쉬운 투자 대상은 지주회사와 지주회사의 주요 1차 자회사이다. 국내에 있는 지주회사는 대부분 순수 지주회사인 경우가 많다. 즉, 지배주주가 사업을 확장하기 위해 많은 자금이 필요한데, 지배주주가 보유하고 있는 지주회사는 돈이 많지 않다. 그러므로 지주회사와 계열사 간의 일감 몰아주기를 통해서 지주회사가 이익이 아닌 현금을 보유할 수 있는 길을 터 주게 된다.

지주회사가 지분을 가장 많이 보유하고 있는 핵심 계열사에 투자하는 것도 좋은 방법이다. 지주회사가 자금 부족으로 좋은 투자 기회를 살리지 못한다면 지주회사가 가장 많은 지분을 보유한 자회사를 통해서 투자할 것이다. 그래야 지배주주의 부가 증가한다.

대표적인 예로 두산그룹에 투자한다면 두산 혹은 두산중공업에 투자하기를 기업 지배 구조 측면에서 권한다. 기업 지배 구조를 보고 투자하려면 기본적으로 장기 투자가 되어야 한다. 기업 지배 구조를 변경하거나 지배주주가 무언가를 하기 위해서 부를 축적한다면 단기간에 하지는 않는다. 급하게 먹는 밥이 체한다고 단기간에 부를 축적하면 언론의 스포트라이트를 받게 되고 기업의 상황이 대중에게 알려지게 된다. 그러면 공정거래위원회 등 각종 감독 기구에서 조사하는 불편한 상황이 발생할 수도 있다. 그러므로 기업 지배 구조를 보고 투자하는 투자자라면 장기 투자를 원칙으로 지배주주와 한배를 타는 기업을 찾아서 투자하는 것이 현명하다.

계속 이대로 살아야 하나?

오뚜기의 사례처럼 기업의 사회적 책임을 다하고 상생의 경영을 하는 회사조차도 손쉽게 지배주주의 부를 확대할 수 있는 방법이 있다면 그 방법을 따를 개연성이 크다. 자신과 기타 주주의 이해관계 상충이 있을 때 자신의 이익을 따르는 지배주주를 비난하고 싶지는 않다. 필자는 그러한 지배주주들을 비난하려는 목적에서 이 책을 집필하는 것이 아니다. 현대그룹의 현대글로비스, 이노션, 농심그룹의 엔디에스, 농심미분, 그리고 오뚜기까지 기업의 크기가 문제가 아니다.

지배주주 역시 주주이기 이전에 한 사람의 인간으로서 당연히 자신의 부를 가장 손쉬운 방법으로 획득하고 늘리려는 유혹에 빠진다. 그리고 그러한 방법이 철저히 합법적이라면 도덕적으로 비난받더라도 부를 축적하기 위해 실행할 것이다. 문제는 현재의 법과 제도가 지배주주와 기타 주주, 지배주주와 채권자의 대리인 문제, 혹은 이해 상충의 문제가 있을 때 이를 효과적으로 방지하지 못하는 데 있다. 그러므로 현재로서는 이러한 상황이 계속 반복될 것이다. 이 책의 마지막 부분에서 현행 제도의 문제와 해결 방안을 좀 더 깊이 있게 논의하겠다. 자세한 내용은 6장을 읽어주기 바란다.

04 과도한 급여 수령하기

재벌 혹은 지배주주는 모두 인간이다. 그들은 인간들 중에서도 경제 원칙이 가장 깊이 몸에 밴 사람들이다. 동시에 그들에게는 사업가의 피가 흐른다. 사업가, 그리고 경제 원칙이 몸에 밴 사람은 어떻게 돈을 벌고 부를 축적하고 다음 세대에 물려줄지 교육과 본능을 통해서 알고 있다. 재벌과 지배주주는 자신이 투자한 투자 원금에 기업의 성과에 따라 받는 배당금으로 만족하지 않는다. 지배주주라는 유리한 점을 극대화하는 데 자신의 노력의 상당 부분을 할애한다.

그들은 스스로가 경영자로서 능력이 있건 없건 상관없이 자신이 통제하는 기업에 전문 경영인을 두고 자신이 그 전문 경영인을 통제한다. 이러한 것은 자신이 전문 경영인보다 뛰어나다는 믿음이 바탕에 깔려 있지 않으면 할 수 없는 생각이다. 지배주주는 자신이 지배하는 회사와 그 관계 회사에 자신이나 자신의 친인척을 주요 경영진으로 선임하는 경우가 많다. 선임된 지배주주 혹은 그 친인척은 경영진으로서 급여를 수령해가며 부를 축적한다. 여기서는 재벌 혹은 지배주주가 어떻게 급여를 수령하며 부를 축적하는지 살펴보겠다.

과도한 급여 받기가 무엇인가?

과도한 급여를 받는 것은 문자 그대로 유사한 업무를 수행하는 타인에 비해 훨씬 많은 급여를 받는 것이다. 그러나 급여가 많다거나 적다고 하는 것은 매우 주관적이기 때문에 절대적으로 평가할 수 없고 상대적으로 평가해야 한다. 과도한 급여는 담당 업무에 비해, 타인과 비교해서 상대적으로 많은 급여를 받는 것을 과도한 급여 받기라고 정의하기로 하자.

우리는 매년 3, 4월이 되면 언론을 통해 재계 경영자 연봉 순위라는 제목으로 어떤 그룹의 누가 지난 1년간 얼마만큼의 급여를 받았는지 알 수 있다. 그 기사를 보면서 많은 일반인은 그들이 수령하는 급여 액수가 너무 크기 때문에 나와는 상관없는 일이라 생각하며 단순히 흥미 위주로 읽고 지나치는 경우가 많다. 실제 그들이 받는 급여가 과도한지, 과도하지 않은지는 그 그룹의 다른 경영진과 비교하면 쉽

〈표 4-1〉 2015년 경영진 급여 순위

순위	성명	회사	직급	2015년	
				자산 총액 (조 원)	연봉 (100만 원)
1	권오현	삼성전자	부회장	348.2	14,954
2	곽동신	한미반도체	부회장	0.3	11,680
3	정몽구	현대자동차	회장	209.7	9,800
4	정구용	인지컨트롤스	회장	0.5	8,315
5	손경식	CJ 제일제당	대표	24.8	8,095
6	조양호	한진그룹	회장	37.0	6,410
7	정동섭	태림포장공업	회장	0.7	6,249
8	구본무	LG그룹	회장	105.8	5,348
9	박장석	SK그룹	부회장	160.8	4,865
10	신동빈	롯데그룹	회장	103.3	4,830

자료: "재계 '연봉 톱 50명' 총액 1661억원… 삼성그룹 8명 가장 많아", ≪이데일리≫, 2016년 3월 31일 자. http://www.edaily.co.kr/news/news_detail.asp?newsId=03450566612588896&mediaCodeNo=257(검색일: 2017년 5월 8일).

게 알 수 있다.

〈표 4-1〉, 〈표 4-2〉는 2015년과 2016년의 주요 그룹사 경영진의 총급여다. 제시된 표만을 통해서는 해당하는 급여의 절댓값은 높더라도 이를 과도한 급여라고 할 수는 없다. 2016년 급여 1위는 정몽구 현대차그룹 회장으로 연봉은 약 92억 원이다. 그 뒤로는 손경식 CJ 대표이사가 약 82억 원으로 2위를 기록했다. 톱 10의 마지막은 조석래 효성그룹 회장으로 약 46억 원의 급여를 수령했다. 2016년 연봉 톱 10 중에 지배주주를 제외한 전문 경영인은 5위를 기록한 권오현

<표 4-2> 2016년 경영진 급여 순위

순위	성명	회사	직급	2016년	
				자산 총액 (조 원)	연봉 (100만 원)
1	정몽구	현대차그룹	회장	218.6	9,282
2	손경식	CJ	대표이사	27.8	8,210
3	신동빈	롯데	회장	110.8	7,751
4	허창수	GS	회장	62.0	7,436
5	권오현	삼성전자	부회장	363.2	6,698
6	조양호	한진그룹	회장	29.1	6,640
7	이웅렬	코오롱그룹	회장	9.1	6,047
8	구본무	LG	회장	112.3	5,828
9	윤부근	삼성전자	사장	363.2	5,030
10	조석래	효성	회장	11.5	4,613

자료: "[2016년 대기업 등기이사 연봉] 반도체의 힘…권오현 2년째 연봉킹", ≪서울경제≫, 2017년 4월 1일 자. http://www.sedaily.com/NewsView/1OEH7M7KQT(검색일: 2017년 5월 20일).
"'연봉킹' 총수는 정몽구 회장…전문경영인은 권오현 부회장", ≪머니투데이≫, 2017년 3월 31일 자. http://m.mt.co.kr/renew/view.html?no=2017033118274744143&googleamp(검색일: 2017년 5월 9일).

삼성전자 부회장과 9위를 기록한 삼성전자 윤부근 사장뿐이었다.

2015년 급여 1위는 권오현 삼성전자 부회장으로 약 149억 원을 받았다. 전문 경영인이면서 재계 1위의 연봉을 기록한 것이다. 2위는 약 116억 원을 수령한 곽동신 한미반도체 부회장이 기록했다. 2015년 연봉 톱 10 중에 지배주주를 제외한 전문 경영인은 1위를 기록한 권오현 삼성전자 부회장이 유일했다. 다음 장에서는 2015년과 2016년의 1위부터 10위까지 각 기업의 연봉 킹이 과도한 급여를 받은 것인지 아닌지를 확인해보겠다.

과도한 급여 사례

경영진이 과도한 급여를 수령했는지 아닌지를 확인하는 것은 매우 주관적인 일일 수 있다. 급여라는 것은 업무의 양과 질, 업무를 하는 사람의 능력에 좌우된다. 만약 하는 일이 없거나 능력이 낮다고 추정되는 사람이 특별한 이유 없이 많은 급여를 받는다면 이는 과도한 급여라고 할 수 있다. 이 장에서는 2015년과 2016년 연봉 톱 10 경영자들이 어떻게 고액 연봉을 받았는지 확인해보고 해당 기업에서 두 번째로 많은 급여를 받은 경영진과 비교해 과도한 급여인지 아닌지를 살펴보겠다.

현대차그룹

2016년 대한민국에서 가장 많은 급여를 수령한 사람은 정몽구 현대차그룹 회장이다. 한 해 약 92억 원을 급여로 수령했다. 현대차그룹의 다른 경영진의 급여 수준과 비교해 어떻게 정몽구 회장이 92억 원이라는 급여를 수령하게 되었는지 살펴보겠다.

〈표 4-3〉을 보면 현대자동차 등기 임원 중 연봉 5억 원 이상에 해당하는 경영진을 볼 수 있다. 주목할 만한 것은 정몽구 회장의 급여가 다른 임원들보다 압도적으로 많다는 것이다. 정몽구 회장은 현대자동차에서 급여로 2016년에 53억 원, 2015년에 56억 원을 수령했

〈표 4-3〉 현대자동차 주요 등기 임원 연봉

(단위: 100만 원)

순위	이름	직책	2016	2015	비고 (2016년 기준)
			연봉 총액		
1	정몽구	대표이사	5,304	5,600	현대모비스(대표이사, 상근)
					현대파워텍(이사, 상근)
					현대건설(이사, 비상근)
2	정의선	사내이사	1,565	1,866	기아자동차(이사, 비상근)
					현대모비스(이사, 상근)
					현대제철(이사, 상근)
3	윤갑한	대표이사	968	1,053	
4	이원희	대표이사	823		
5	김충호	전 대표이사		2,966	퇴직 소득(18억 8900만 원) 포함
					현대파워텍(이사, 비상근)
					전북현대모터스에프씨 (대표이사, 비상근)

자료: 현대자동차 사업보고서, 김충호의 겸직은 2015년 기준.

다. 정몽구 회장은 현대모비스에서 상근 대표이사로서 2016년에 약 39억 원의 연봉을 받았다. 현대파워텍의 상근이사이며 현대건설의 비상근 이사이지만 연봉이 5억 원을 넘지 않아서 이 두 곳에서 받은 급여는 공시되지 않았다. 2016년 정몽구 회장이 수령한 연봉 92억 원은 공시된 자료를 바탕으로 계산한 것이며 실제로는 그 이상일 개연성이 매우 높다.

정몽구 회장은 현대자동차의 대표이사다. 현대자동차에는 정몽구 회장을 포함해 총 3인의 대표이사가 있으나 전문 경영인이라 불리는 윤갑한 대표이사, 이원희 대표이사는 2016년에 각각 9억 7000만 원, 8억 2000만 원을 수령했다. 같은 대표이사이지만 정몽구 회장은 다른 대표이사들보다 더 특별해서 대여섯 배나 되는 급여를 수령했다. 그리고 정몽구 회장은 현대모비스와 현대파워텍의 상근 경영진이다. 1938년생인 정몽구 회장의 나이를 감안하면 현대자동차를 포함해 세 회사의 상근 임원을 한다는 것이 과연 가능한지 의문이 든다. 설사 상근 임원을 하더라도 다른 전문 경영인과 같은 강도로 업무를 하는지도 여전히 의문이 든다.

정의선 이사는 이사회의 멤버이기는 하지만 직위로는 대표이사가 아닌데도 2016년에 다른 대표이사 급여의 약 두 배인 15억 원을 받았다. 그리고 동시에 현대모비스와 현대제철의 상근 임원, 기아차의 비상근 임원을 겸직하고 있다. 2016년 정의선 이사는 현대모비스에서 5억 6000만 원을 받았고 현대제철에서는 급여가 5억 원을 초과하지 않아 급여액을 확인할 수 없다. 기아자동차에서도 급여가 5억 원을 초과하지 않아 역시 확인할 수 없다. 이로 미루어 정의선 이사의 2016년 총급여액은 최대 30억 원에 육박할 개연성이 크다.

정몽구 회장과 정의선 이사는 다른 경영진보다 탁월한 능력이 있어서 현대자동차의 상근 임원도 하고 다른 계열사의 상근, 비상근 임원을 할 수 있고, 윤갑한, 이원희 대표이사는 현대자동차의 대표이사만 할 수 있는가? 과연 정몽구 회장과 정의선 이사는 다른 경영진보다 월등한 경영 능력이 있는 것이라고 할 수 있나? 윤갑한(1958년생), 이원희(1960년생)도 대표이사라는 자리에 올라서기 위해서 아마도 신입사원 때부터 실력을 연마했을 것이고 엄청난 경쟁을 뚫고 대표이사 자리에 올랐을 것이다.

단지 정몽구 회장, 정의선 이사와의 차이점은 능력의 차이라기보다는 지배주주냐, 아니냐의 차이라고 할 수도 있을 것이다. 김충호 전 대표이사는 현대파워텍과 전북현대모터스 축구단의 비상근 임원직을 맡았다. 경영자로서 한 회사에 자신의 경험과 시간을 온전히 기울이기 위해서는 아마도 김충호 전 대표이사가 한 것과 같은 겸직이 최선이 아닌가 추측할 수 있다.

여러 회사에서 상근 임원직을 맡는다면 일반적인 사람은 하나의 몸으로 그 많은 일을 감당하기 어려울 것이다. 지배주주들이 여러 회사에서 상근 임원직을 맡으면서 급여를 많이 수령하는 것이 문제가 아니라 과연 그 급여에 합당한 능력을 보유하고 일을 하는지가 문제인 것이다. 이는 같은 회사에서 근무하는 다른 경영진의 상대적인 급여를 보고 판단할 수 있을 것이다. 정몽구 회장, 정의선 이사의 급여가 과도한지 아닌지는 독자가 판단하기 바란다.

CJ그룹

2016년 이채욱 대표이사는 약 24억 원의 급여를 수령해 CJ주식회사에서 가장 많은 급여를 받았고 신현재 총괄부회장은 약 16억 원을

<표 4-4> CJ주식회사 주요 등기 임원 연봉

(단위: 100만 원)

순위	이름	직책	2016	2015	비고 (2016년 기준)
			연봉 총액		
1	이채욱	대표이사	2,440	1,665	CJ제일제당(미등기 이사)
2	신현재	총괄 부회장	1,676		CJ제일제당(미등기 이사)
3	손경식	대표이사 회장			CJ제일제당(대표이사, 82억 원)
4	하용수	전략2실장			CJ E&M(이사)
					CJ CGV(이사, 비상근)
					CJ 헬로비전(감사, 비상근)
5	김재홍	재경실장			CJ푸드빌 (감사)
					CJ올리브네트웍스(감사)
					타임와이즈인베스먼트(이사)

자료: CJ주식회사 사업보고서, 각사 사업보고서, 2015~2016.

수령해 두 번째로 많은 급여를 받았다. 이채욱 대표이사와 신현재 총괄부회장은 CJ제일제당의 미등기 이사로 추가 급여를 CJ제일제당에서 수령했을 것으로 추정한다. 손경식 CJ주식회사의 대표이사 회장은 급여 총액이 5억 원을 넘지 않아서 사업보고서에서 확인할 수 없었다.

그러나 CJ제일제당의 대표이사로 2016년에 82억 원을 수령했다. 확인된 자료로만 보면 손경식 CJ제일제당 대표이사가 CJ그룹에서 가장 많은 급여를 수령한 것으로 추정할 수 있다. CJ제일제당에서 두 번째로 많은 급여를 받은 경영진은 김철하 대표이사로 2016년에 약

19억 원을 수령했다. 손경식 대표이사는 필자가 알 수 없는 이유로 김철하 대표이사의 약 다섯 배에 해당하는 급여를 수령했다.

단지 다른 경영진과 차이가 있다면 손경식 대표이사는 CJ그룹의 지배주주인 이재현 회장의 외숙부다. 손경식 대표이사의 능력에 대해 그룹 안팎의 많은 사람이 칭찬하고 존경한다. 그러한 능력이 같은 대표이사인 김철하 대표이사보다 다섯 배나 되는 급여를 수령하는 것을 정당화할 수 있는지는 확신할 수 없다. 미국의 사례만 보더라도 보통 CEO의 연봉이 우리 돈으로 수십억 원에서 수백억 원이다. 그리고 기업이 2인자 격인 CFO의 연봉은 일반적으로 CEO의 최소 절반이거나 그 이상이다. 그러한 점에 비추어보았을 경우 손경식 대표이사의 급여는 다른 경영진에 비해 과도하게 높은 경향이 있다고 말할 수 있을 것이다.

롯데그룹

롯데그룹은 2016년 기준으로 자산 103조 원의 재계 7위 그룹이다. 지분 구조가 매우 복잡하게 되어 있으나 호텔롯데가 국내 기업들을 순환 출자 형태로 지배하고 있다. 호텔롯데는 개별 재무제표 기준으로 2016년 말 자산 총액 16조 5000억 원의 기업이다. 총자산 16조 5000억 원의 자산과 매출 5조 3000억 원으로 90조 원에 해당하는 다른 기업들을 지배하고 있다.

호텔롯데의 주요 경영진은 신동빈, 송용덕, 신격호, 신영자가 있다. 신동빈은 롯데호텔의 회장으로 2016년 약 13억 7000만 원의 급여를 수령했다. 그리고 동시에 롯데제과의 대표이사로 17억 5000만 원, 롯데쇼핑의 이사로 21억 2000만 원, 롯데케미칼의 대표이사로 25억 원을 수령해 필자가 확인한 자료상으로는 2016년 급여가 약 77억 원에 이른다. 하나의 몸으로 한 회사의 대표이사를 맡기도 버거운데 롯데제과, 롯데케미칼의 대표이사를 맡고 롯데쇼핑의 이사로 재직했다.

과연 이것을 한 사람이 할 수 있는가? 롯데제과의 또 다른 대표이사인 김용수는 2016년에 6억 5000만 원을 수령했다. 롯데케미칼에서 두 번째로 많은 급여를 수령한 임원은 허수영 대표이사로 급여액은 10억 4000만 원이다. 롯데쇼핑에서 가장 많은 급여를 수령한 임원은 이인원 전 부회장으로 급여액은 약 67억 원이다. 그러나 이인원 전 부회장의 67억 원은 급여 6억 7000만 원에 퇴직금이 약 60억 원이다. 급여 수준으로만 본다면 신동빈 회장이 가장 많고, 신격호 총괄회장이 16억 원으로 두 번째다. 전문 경영인이라 불리는 이원준 대표이사는 8억 3000만 원을 수령했다. 롯데쇼핑에만 경영의 모든 힘을 쏟는 전문 경영인 이원준 대표이사는 8억 3000만 원을 받고 롯데쇼핑 외에 3개 사의 경영진으로 등록되어 있는 신동빈 회장은 21억 원으로 이원준 대표이사의 약 세 배 가까운 급여를 수령했다.

미디어를 통해서 본 신격호 총괄회장(1922년생)은 고령으로 정상적

〈표 4-5〉 호텔롯데 주요 등기 임원 연봉

(단위: 100만 원)

순위	이름	직책	2016	2015	비고(2016년 기준)
			연봉 총액		
1	신동빈	회장	1,376	1,000	롯데제과 대표이사(1,750) 롯데쇼핑(이사, 2,125) 롯데케미칼(대표이사, 2,500)
2	송용덕	사장	628	601	
3	신격호	총괄회장	701	1,000	롯데쇼핑(대표이사, 1,600) 롯데건설(이사, 500)
4	신영자	전 사장	1,771	2,267	롯데쇼핑(사장, 500) 롯데건설(이사, 500)

자료: 각 사 사업보고서, 2015~2016.

인 경영을 할 수 없을 정도로 보였으나 실상은 호텔롯데, 롯데쇼핑의 대표이사, 롯데건설의 이사로 활발히 경영 활동을 하고 있다. 체력은 나이와 관계없이 개인의 차라는 것이 있다고 하지만 통념상 1922년 생인 신격호 총괄회장이 활발하게 경영 활동을 하는 이면에 경영 능력 외의 다른 것이 있지 않은지 생각해볼 수 있다. 과연 신동빈 회장, 신격호 총괄회장이 지배주주가 아니더라도 다른 전문 경영인에 비해 압도적인 급여를 수령하고 겸직을 하면서 활발한 경영 활동을 할 수 있을까? 연세가 80이 넘어서도 정정하면서 활발하게 사회활동을 하는 어르신이 얼마나 되는지 독자의 주변에서 찾아보기 바란다.

GS그룹

2004년에 LG그룹에서 독립해 GS그룹이 출범했다. 과거 LG그룹
은 고 구인회 회장과 고 허만정 회장의 동업으로 성장했다. 기업이 성
장하고 두 가문의 특수 관계인이 늘어나면서 각자 독립의 길을 택했
고 고 구인회 회장 일가는 LG그룹으로 남고, 고 허만정 회장의 일가
는 GS그룹으로 출범했다.

허창수 회장은 GS의 지주회사인 GS홀딩스의 회장이며 2016년 연
봉으로 50억 원을 수령했다. 정택근 사장은 GS홀딩스에서 두 번째로
많은 21억 원을 수령했다. 지금까지 본 다른 그룹에 비해서 같은 기
업의 연봉 1위와 2위 경영진의 차가 2.5배 정도로 상대적으로 크지는
않다. 그러나 허창수 회장 역시 다른 재벌 지배주주와 동일하게 GS
건설의 대표이사로 2016년 약 24억 원의 급여를 수령했다. GS건설
에서 두 번째로 급여를 많이 수령한 경영진은 임병용 사장으로 급여
액은 8억 7000만 원이다.

두 경영진이 GS건설에서는 같은 대표이사이지만 허창수 회장이
임병용 사장과 달리 GS홀딩스의 상근 이사를 겸직하면서 약 세 배 정
도의 급여를 받고 있다. 정택근 사장은 GS그룹의 계열사에서 대부분
비상근 임원을 겸직하고 있고 GS리테일에서는 상근 이사로 재직 중
이다. 정택근 사장은 GS의 지배주주와 친인척이라고 할 수 없는데도
비상근이지만 여러 계열사의 임원을 맡는 것으로 보아 GS 지배주주

〈표 4-6〉 GS홀딩스 주요 등기 임원 연봉

(단위: 100만 원)

순위	이름	직책	2016	2015	비고 (2016년 기준)
			연봉 총액		
1	허창수	회장	5,044	1,977	GS스포츠(사내이사)
					GS건설(대표이사, 2,392)
2	정택근	사장	2,131	633	GS글로벌(이사, 비상근)
					GS리테일(이사)
					GS에너지(이사, 비상근)
					GS칼텍스(이사, 비상근)
					GS E&R(이사, 비상근)
					파르나스호텔(이사, 비상근)
					GS스포츠(감사)

자료: 각 사 사업보고서, 2015~2016.

의 신임이 매우 두텁다는 것을 추측할 수 있다.

삼성전자

삼성전자는 명실공히 글로벌 기업이면서 국내 1위의 기업이다. 2016년 연결 재무제표 기준 자산은 약 262조 원으로 단독 기업으로는 국내의 어느 기업보다 많은 자산을 보유하고 있다. 자산 총액 기준 2위의 기업집단인 현대차그룹은 2016년 기준 209조 원의 자산을 보유하고 있다. 현대차그룹과 삼성전자의 자산 차액은 53조 원에 이른

<표 4-7> 삼성전자 주요 등기 임원 연봉

(단위: 100만 원)

순위	이름	직책	2016	2015	비고(2016년 기준)
			연봉 총액		
1	권오현	대표이사	6,698	14,954	DS 부문 경영 총괄 (이사회 의장)
2	윤부근	대표이사	5,030	3,697	CE부문 경영 총괄
3	신종균	대표이사	3,986	4,799	IM부문 경영 총괄
4	이재용	이사	1,135		경영 전반 총괄
5	이상훈	이사	2,901	3,177	경영 지원 총괄

자료: 삼성전자 사업보고서, 2015~2016.

다. 53조 원은 웬만한 국내 대기업의 자산 총액에 해당할 만큼 큰 금액이다. 삼성전자에는 이건희 회장과 이재용 부회장이 있으나 급여 면에서는 이 두 지배주주보다 전문 경영인이 더 많이 받고 있다.

2016년 기준으로 삼성전자 내 급여 1위는 권오현 대표이사이며 급여액은 약 70억 원이다. 권오현 대표이사가 담당하는 DS부문의 성과가 좋아서 기본 급여보다 성과급이 더 많았을 것으로 추정한다. 2015년에는 149억 원의 급여로 지배주주인 경영인과 전문 경영인 중에 최고의 연봉을 기록했다. 두 번째로 많이 받은 경영진은 윤부근 대표이사로 2016년에는 약 50억 원을, 2015년에는 약 37억 원을 받았다. 신종균 대표이사는 2016년 약 40억 원, 2015년 약 48억 원을 받았다. 이 세 명의 대표이사는 각 사업부의 총괄 담당으로 해당 사업부의 경영 성과에 따라 급여의 변동이 일어나고 있음을 알 수 있다. 이재용 이사는 경영 전반 총괄을 담당하지만 2016년에는 급여로 11억 원을 수령했으나 2015년에는 미등기 임원이어서 급여가 설사 5억 원을 넘는다 하더라도 급여 총액을 확인할 수 없다.

삼성전자 이재용 부회장의 경우 실질적인 경영권을 장악하고 있는 지배주주일지라도 2016년의 급여를 전문 경영인보다 낮게 받는 이유는 다양하게 해석할 수 있다. 삼성전자는 글로벌 기업이므로 최고경영자가 아닌 임원이 가장 많은 급여를 받는 것이 부담스러울 수도 있을 것이다.

그리고 삼성그룹의 지배주주는 충분한 재산을 축적했으므로 과도한 급여 소득으로 여론의 주목을 받기보다는 여론의 주목을 받지 않는 편익이 더 크다고 판단해 상대적으로 다른 경영진보다 적은 급여를 받는다고 추측할 수 있다. 기업 지배 구조를 떠나 지금까지 살펴본 경영진의 급여 액수로만 본다면 삼성그룹의 경영진이 제3자가 보더라도 수긍할 수 있는 급여를 받았다고 생각할 수 있다.

한진그룹

몇 년 전에 한진그룹은 지배주주의 특수 관계인 중 한 명인 조현아 전 부사장의 이른바 땅콩 회항 사건으로 크게 이슈가 된 적이 있다. 그 후로 일반 대중의 머릿속에 항공기 회항 사건이 크게 각인되었고 외국 언론에 해외 토픽으로 보도되기도 해 한진그룹의 지배 구조가 많은 조명을 받았다. 한진그룹은 지배주주인 조양호 회장과 그 세 자

<표 4-8> 한진칼 주요 등기 임원 연봉

(단위: 100만 원)

순위	이름	직책	2016	2015	비고(2016년 기준)
			연봉 총액		
1	조양호	사장	2,658		대한항공(대표이사, 2,872)
					㈜한진(대표이사, 1,109)
					정석기업(대표이사)
					한진정보 통신(이사)
					한진관광(이사)
					토파스여행정보 (이사)
2	조원태	부사장			대한항공(대표이사)
					유니컨버스(대표이사)
					진에어(대표이사)
					한진정보 통신(대표이사)
					정석기업(이사)
					㈜한진(이사)
					제동레저(이사)
					유니컨버스투자(이사)
					한국공항(대표이사)
3	조현민	전무			
4	허정권	대표이사			정석기업(감사)
					토파스여행정보(감사)

자료: 각 사 사업보고서, 2015~2016.

녀가 경영에 참가하고 있다.

한진그룹의 지배주주이며 사실상 총수인 조양호 회장은 2016년 확인된 급여만 약 67억 원이다. 확인되지 않은 정석기업, 한진정보 통신, 한진관광, 토파스여행정보의 급여를 포함한다면 70억 원은 훌쩍 넘을 것으로 추정하고 있다.

조원태 부사장은 조양호 회장의 아들로 한진칼, 대한항공을 비롯해 총 10개 기업의 이사로 등재되어 활발한 경영 활동을 하고 있다. 조양호 회장과 조원태 부사장은 지금까지 살펴본 주요 그룹의 지배주주의 겸직 상황과 비교해볼 때 겸직의 수만큼은 다른 그룹 경영진의 추종을 불허하는 것 같다. 조양호 회장은 확인된 7개 기업에서 주요 경영진으로 활동하고 있다. 거듭 밝히는 바이지만 한 사람이 이처럼 많은 기업의 이사직을 겸한다는 것은 쉬운 일이 아니다. 이 책을 읽는 독자가 만약 직장인이라면 한 몸으로 10군데의 직장을 다닌다는 것이 과연 가능한 일인지 상상해볼 수 있을 것이다.

조양호 회장을 비롯한 특수 관계인들은 2016년 말 기준으로 한진칼의 지분 29.52%를 보유하고 있다. 한진칼의 시가총액이 1조 4000억 원인 것을 감안하면 조양호 회장의 특수 관계인들이 보유한 주식 가치는 약 4100억 원이다. 조양호 회장, 조원태 부사장, 조현민 전무, 이 세 명의 급여만 100억 원이 넘을 것으로 추정한다. 그렇다면 투자 대비 연간 2.5%를 급여로 받아가고 있는 것이다. 즉, 주주로서 배당은 배당대로 받고 급여는 급여대로 받아 투자수익률을 극대화하고 있다.

물론 급여 소득을 투자 수익으로 보기에는 무리가 있다. 왜냐하면 급여라는 것은 노동을 제공한 대가로 받는 것이기 때문이다. 그러나 이렇게 과도하게 여러 기업에 노동을 제공할 수 있는 것은 지배주주가 아니면 거의 불가능하다고 볼 수 있다. 그러므로 지배주주의 급여소득은 투자 수익으로 봐도 무방할 것이다.

코오롱그룹

코오롱그룹은 주식회사 코오롱을 정점으로 하는 지주회사 체제의 그룹이다. 주력 계열사로는 코오롱인더스트리와 코오롱글로벌이 있다. 2016년 말 자산 총액은 9조 1000억 원으로 재계 순위는 43위이다. 재계 순위 43위 기업 코오롱의 지배주주인 이웅열 회장의 급여는 재계 순위 15위인 한진의 조양호 회장 다음이며, 재계 순위 6위인 LG의 고 구본무 회장보다 더 많다.

이웅열 회장은 2016년 지주회사인 코오롱에서 약 9억 원을 수령했으며 코오롱인더스트리, 코오롱글로벌, 코오롱글로텍, 코오롱생명과학을 합해서 총 약 50억 원을 수령해 2016년 총급여는 약 59억 원이다. 코오롱베니트에서 받는 급여는 공시되지 않아 확인할 수 없었다. 코오롱베니트에서 받는 급여까지 포함한다면 60억 원은 쉽게 넘을 것으로 추정된다. 코오롱의 전문 경영인인 안병덕 사장은 2016년 약 5억 6000만 원의 급여를 수령했고 코오롱아우토, 코오롱오토모티브의 대표이사로 재직 중이다. 그러나 두 회사 모두 급여 정보가 공개되지 않아 안병덕 사장의 총급여를 확인할 수 없다.

<표 4-9> **코오롱 주요 등기 임원 연봉**

(단위: 100만 원)

순위	이름	직책	2016	2015	비고(2016년 기준)
			연봉 총액		
1	이웅열	회장	905	788	코오롱인더스트리(대표이사, 상근, 1,763)
					코오롱글로벌(대표이사, 상근, 900)
					코오롱글로텍(이사, 상근, 1,101)
					코오롱생명과학(이사, 상근, 1,376)
					코오롱베니트(이사, 상근)
2	안병덕	사장	560	506	코오롱아우토(대표이사)
					코오롱오토모티브(대표이사, 상근)

자료: 각 사 사업보고서, 2015~2016.

이웅열 회장은 확인된 6개 기업에서 대표이사 혹은 상근이사로서 활발히 경영에 참가하고 있다. 이미 여러 번 언급했지만 과연 한 사람이 이렇게 많은 기업에서 비상근도 아닌 상근 경영인으로서 경영 활동을 정상적으로 수행할 수 있는지 의심스럽다.

지주회사 코오롱의 지분 구조를 보면 지배주주와 특수 관계인이 전체 주식의 50.45%를 소유하고 있다. 현재 코오롱의 시가총액은 7700억 원이며 50.45%에 해당하는 주식 가치는 약 3800억 원이다. 이웅열 회장은 3800억 원의 투자를 통해서 배당 외에 근로소득으로 60억 원을 수령했다고 볼 수 있다. 투자수익률은 약 1.5%이다. 이 외에도 배당을 통해서 일부 투자 수익을 올리고 있다.

LG그룹

　LG그룹은 LG를 정점으로 하는 지주회사 체제의 그룹이다. 주요 계열사로는 LG전자, LG화학, LG하우시스, LG U+, LG상사, LG CNS가 있다. LG의 지분은 지배주주인 고 구본무와 그 특수 관계인이 총 48.12%를 보유하고 있다. LG그룹은 2016년 재계 순위 6위로 총자산 약 106조 원의 기업이다. 지배주주가 LG와 LG경영개발원의 의장을 겸직하고 있다. 나머지 계열사들은 주로 전문 경영인이 경영하고 있다. 지배 구조상 지배주주의 급여 면에서만 본다면 삼성그룹과 유사하다. 최대한 전문 경영인을 활용하고 있는 것으로 보인다.

　그러나 2016년 구본무 대표이사의 연봉이 58억 원이며 하현회 대표이사의 연봉은 18억 원이다. 2016년 구본무 대표이사의 연봉은 하현회 대표이사의 세 배가량이었으며 2015년에는 약 다섯 배였다. 구본무 대표이사가 지배주주라는 점을 제외한다면 하현회 대표이사보다 탁월한 경영 능력이 있다고 할 수 있는지는 의문이다. 구본무 대표이사 못지않게 하현회 대표이사(1956년생)도 그 자리에 오르기까지 산전수전을 숱하게 겪었을 것이다.

(단위: 100만 원)

순위	이름	직책	2016	2015	비고(2016년 기준)
			연봉 총액		
1	구본무	대표이사	5,828	5,348	LG경영개발원(의장)
2	하현회	대표이사	1,833	969	LG하우시스(의장)
					LG U+
					LG상사
					LG CNS(의장)

자료: 각 사 사업보고서, 2015~2016.

효성그룹

효성그룹은 스판덱스, 타이어코드, 화학제품, 변압기 등 산업용 전기 제품 및 금융 자동화 기기 제작 판매와, 건설, 무역 등을 주된 영업 분야로 삼는 기업이다. 대부분의 사업이 산업재, 부품, 소재에 치우쳐 있다 보니 대중은 효성이라는 이름만 들었지 어떤 회사인지 잘 모르는 경향이 있다. 효성은 2016년 기준 자산 총액이 11조 5000억 원으로 재계 순위 32위를 기록했다. 효성은 조현준(13.8%), 조현상(12.21%), 조석래(10.15%) 등 주요 주주 3명이 약 36%의 지분을 소유하고 있다. 지배주주와 특수 관계인이 보유한 지분까지 합하면 지배주주는 총 36.97%를 소유하면서 효성그룹을 지배한다.

조석래 회장(1935년생)을 대신해 조현준, 조현상 두 자녀가 경영하고

〈표 4-11〉 효성 주요 등기 임원 연봉

(단위: 100만 원)

순위	이름	직책	2016	2015	비고(2016년 기준)
			연봉 총액		
1	조석래	대표이사	4,613	4,408	
2	이상운	대표이사	1,411	1,294	노틸러스효성(이사,비상근) 에프엠케이(이사, 비상근) 효성굿스프링스(이사, 비상근) 효성트랜스월드(이사, 비상근) 신화인터텍(이사, 상근) 효성투자개발(감사, 비상근)
3	조현준	이사	1,307	1,238	갤럭시아일렉트로닉스(이사, 비상근) 효성인포메이션시스템(이사. 비상근) 효성투자개발(이사. 비상근) 갤럭시아코퍼레이션(이사, 상근) 효성아이티엑스(이사, 상근) 노틸러스효성(감사, 비상근)
4	조현상	이사	1,325	1,201	노틸러스효성(이사, 비상근) 에프엠케이(이사, 비상근) 효성트랜스월드(이사, 비상근) 효성인포메이션시스템(감사. 비상근)

자료: 각 사 사업보고서. 2015~2016.

있다. 효성의 급여만 보면 조석래 회장이 46억 원으로 이상운 대표이사, 조현준 이사, 조현상 이사보다 압도적으로 많은 급여를 받고 있다. 조현준, 조현상은 여러 효성 계열사에 상근 혹은 비상근 이사로 등재되어 있다. 그러나 대부분 비상근 이사로 등재되어 있어 실제로 경영을 하는 데에는 무리가 없을 것으로 추정한다.

이상운 이사는 전문 경영인이지만 지배주주와 유사하게 다른 법인에서 겸직을 하고 있다. 효성 내에서 지배주주의 많은 신뢰를 받았음이 분명한 것으로 추측한다. 그러나 2017년 4월 이상운 대표이사는 대표이사직에서 사임했다. 나이를 고려할 때 경영 1세대인 조석래 회장이 물러나면서 자연스럽게 조석래 회장과 함께한 전문 경영인도 일선에서 물러난 것으로 추측할 수 있다.

아무리 능력이 뛰어나도 전문 경영인은 지배주주가 인사권을 쥐고 있기 때문에 지배주주가 세대교체되면 전문 경영인도 같이 세대교체되어야 하는 운명에 있다. 이를 보면 마치 봉건시대에 왕이 붕어하거나 반정 등으로 쫓겨나면 기존의 왕을 따르던 신하들이 물러나거나 유배되는 것과 같은 이미지가 오버랩된다.

한미반도체

지배주주가 과도한 급여를 받는 것이 꼭 재벌 기업에만 있는 현상일까? 2015년 연봉 톱 10에 오른 기업들을 보면 지배주주가 과도한 급여를 받는 것은 재벌 기업뿐만 아니라 지배주주가 있는 모든 기업에서 관찰되는 것임을 쉽게 알 수 있다.

한미반도체는 곽동신(27.14%)과 그 특수 관계인들이 지배하고 있다. 이들이 보유한 지분은 49.01%이다. 현재 한미반도체의 시가총액은

〈표 4-12〉 한미반도체 주요 등기 임원 연봉

(단위: 100만 원)

순위	이름	직책	2016	2015	비고(2016년 기준)
			연봉 총액		
1	곽동신	대표이사	2,224	11,608	신호모터스(부회장)
					한미네트웍스(대표이사)

자료: 각 사 사업보고서, 2015~2016.

약 5372억 원이다. 49.01%에 해당하는 가치는 2632억 원이다. 지배주주인 곽동신 대표이사가 2015년과 2016년에 수령한 급여는 총 138억 원이다. 연평균 투자수익률 2.6%를 급여를 통해 얻었다고 할 수 있다. 138억 원은 최소한으로 집계한 액수다. 겸직하고 있는 신호모터스와 한미네트웍스는 정보 공개가 이루어지지 않아 곽동신 대표이사가 급여를 얼마나 수령했는지를 확인할 수 없다.

한미반도체의 임원에는 김민현 사장이 전문 경영인으로 근무하지만 2016년 급여 총액이 5억 원을 넘지 않았다. 곽동신 대표이사는 최소한 네 배 이상의 급여를 받을 만큼 슈퍼 파워를 보유하면서 일하는지 궁금하다. 2015년의 116억 원의 급여 중 퇴직금을 정산한 금액이 83억 원을 차지하고 있다. 그러므로 2015년의 실제 노동에 따른 급여는 33억 원이다. 여전히 2015년에도 5억 원 이상의 급여를 받는 경영진이 한미반도체에는 곽동신 대표이사를 제외하고는 없다. 곽동신 대표이사가 이렇게 많은 급여를 받는 것 역시 지배주주이기 때문에 가능한 것으로 추정한다.

인지컨트롤스

2015년 인지컨트롤스 정구용 회장은 약 83억 원의 급여를 수령했다. 인지컨트롤스는 자동차 부품을 제조해 현대차, 기아차 및 해외 자동차 업체에 납품하는 기업이다. 전자 부품도 제조해 삼성전자에 납품하는 중견 기업이다. 지배주주는 정구용 회장(18.59%), 정장환(5.47%), 정혜승(2.78%), 정혜은(1.56%)으로 상장 기업이지만 가족 경영을 하는 기업이라고 볼 수 있다. 즉, 정구용 외 3인이 약 28%의 지분을 보유하고 있으면서 전체 기업의 지배주주 노릇을 하고 있다. 이 외에 특수 관계인인 유텍솔루션이 12.44%를 보유하고 있어 지배주주와 그 특수 관계인이 총 40.82%를 보유하고 있다.

정구용 회장은 2015년과 2016년에 인지컨트롤스에서 유일하게 5억 원 이상의 급여를 받은 경영진이다. 강철중 대표이사보다 최소 세 배의 급여를 받고 있다. 2015년에 수령한 83억 원 중에 약 71억 원이 퇴직 소득이다. 퇴직 소득을 제외하더라도 약 12억 원의 급여를 수령했으며 2015년에도 유일하게 총급여가 5억 원이 넘는 경영인이다.

이 외에도 12개 기업의 대표이사 혹은 이사로 겸직을 하고 있다. 겸직하고 있는 기업 중에는 중국에 있는 기업도 세 군데나 된다. 과연 이것이 가능한 일인지 계속 의문이 든다. 이 정도로 정구용 회장의 영향력이 강하고 10여 개의 기업에 겸직할 정도로 경영의 달인이라면

〈표 4-13〉 **인지컨트롤스 주요 등기 임원 연봉**

(단위: 100만 원)

순위	이름	직책	2016	2015	비고(2016년 기준)
			연봉 총액		
1	정구용	회장	1,459	8,315	인지스마트솔루션(이사)
					인지정밀제조유한공사(대표이사)
					동관인지전자유한공사(이사)
					넥스플러스(대표이사)
					인지에이원(대표이사)
					알루원(대표이사)
					인지광전과기유한공사(대표이사)
					알에프컨트롤스(이사)
					인지에이템티(대표이사)
					인지개성(대표이사)
					유텍솔루션(이사)
					이노렉스테크놀러지(대표이사)

자료: 각 사 사업보고서, 2015~2016.

정구용 회장이 퇴임하면 인지컨트롤스의 미래도 어두울 수 있겠다. 5억 원 이상의 급여 수령자에 이름을 올리지 못했지만 부전자전이라고 정구용 회장의 아들인 정장환 이사 역시 10군데의 기업에서 이사직을 겸직하고 있다. 그러므로 실제로 정장환 이사가 수령하는 급여는 5억 원이 넘을 것으로 추정된다. 정구용 회장 역시 겸직을 통해 수령하는 급여를 합한다면 20억 원이 넘을 것으로 추정된다. 이러한 일들은 지배주주가 아니고서는 불가능해 보인다.

태림포장

태림포장공업은 골판지, 골판지 상자, 골판지 원지를 제작하는 업체이다. 우리가 흔히 보는 충격 방지 기능이 있는 종이 박스를 제작하는 기업이다. 정동섭 등 지배주주들은 2015년 6월에 트리니티원이라는 투자회사에 보유 지분을 매각했다. 그러므로 사실상 정동섭 회장은 이제 태림포장의 경영에 관여하지 않는다.

이러한 이유로 2015년 주요 경영진이 퇴직 급여를 수령했다. 퇴직 급여를 수령하기 전인 2014년 정동섭 회장은 보수로 6억 원을 수령해 유일하게 5억 원 이상의 급여를 받은 경영인이었다. 2015년 6월에 트리니티원에 매각된 것을 감안하면 정동섭 회장의 2015년 급여는 약 6억 3000만 원 수준으로, 고삼규 대표이사의 급여는 약 3억 6000만 원으로 추정한다. 지배주주 출신의 경영인이 전문 경영인보다 두 배 정도 높은 급여를 수령했다고 할 수 있다.

지배주주 출신의 경영진이 전문 경영인에 비해서 적게는 두 배, 많게는 여섯 배 이상의 급여를 수령하는 것은 기업의 크기와 관련된 문제가 아니다. 재벌이 주요 주주로 있는 대기업, 지배주주가 존재하는 중견 기업 혹은 중소기업에서도 액수의 차가 있을 뿐이지 급여의 차등은 마찬가지로 심각하다. 오히려 대기업들은 여론을 의식하고 감독기관의 감시를 받으므로 언젠가 이러한 관행을 교정할 수 있는 계기가 마련될 수 있다. 그러나 여론의 관심도 못 받고 상대적으로 감독

〈표 4-14〉 태림포장공업 주요 등기 임원 연봉

(단위: 100만 원)

순위	이름	직책	2016	2015	비고(2016년 기준)
			연봉 총액		
1	정동섭	대표이사		6,249	퇴직 소득(5,934)
					급여(315)
2	고삼규	대표이사		2,502	퇴직 소득(2,319)
					급여(183)
3	정상문	대표이사		2,093	퇴직 소득(1,828)
					급여(265)

자료: 각 사 사업보고서, 2015~2016.

기관의 감독 수준이 낮은 중견 기업이나 중소기업은 이러한 관행이 좀처럼 개선되기 힘들 것이다.

문제점

지배주주가 노동을 제공하는 대가로 급여를 받는 것이 문제인가? 지속적으로 이야기했듯이 노동을 제공하고 그에 대한 대가로 급여를 받는 것은 전혀 문제가 안 된다. 노동을 제공했으면 당연히 받아야 할 권리인 것이다. 그러나 문제는 제공한 노동에 비해서 그 대가의 규모가 합당한지의 여부이다. 예전에 교도소에 수감된 어느 부자의 하루치 노역의 대가가 5억 원이라는 사실이 알려져 사회적으로 문제가 된

적이 있다. 이처럼 노역의 대가로 자신이 내야 할 벌금 등을 상환하는 것은 문제가 되지 않는다. 문제가 되는 것은 그 대가의 크기이다.

지금까지 살펴본 지배주주들은 같은 기업의 2인자에 비해 상대적으로 너무 많은 급여를 받았다. 이에 그치지 않고 대부분의 지배주주는 경영을 하면서 계열 기업에서 많은 겸직을 한다. 그러한 겸직을 하면서 그 겸직의 대가로 받는 급여만큼 양질의 경영 서비스를 기업에 제공하는지는 의문이다. 과연 그들은 일반인과 다른 능력을 보유했고, 전문 경영인이 되기 위해 수십 년간 경험을 쌓은 전문 경영인에 비해 월등한 능력이 있을까?

지배주주나 전문 경영인이나 사람이기 때문에 대부분의 지배주주 역시 능력 면에서 전문 경영인과 비슷할 것이다. 다만 그들이 지배주주라는 점을 이용해 전문 경영인에 비해 과도한 급여를 받고 과도한 겸직을 하는 것이다. 이렇게 지배주주가 그들이 제공하는 경영 서비스의 질에 걸맞지 않게 많은 급여를 받으면 사회적으로 어떠한 문제가 발생하겠는가?

기업 가치 훼손

제공받는 서비스에 걸맞지 않게 많은 대가를 기업이 지급한다면 이는 비효율의 시작이다. 그러므로 지배주주가 자신이 제공하는 경영 서비스에 걸맞지 않게 많은 급여를 받는다는 것은 자신의 지위를 이용해 다른 주주의 부를 편취하는 것으로 간주할 수 있다. 즉, 기업의 가치를 훼손하고, 그 훼손한 가치만큼을 자신의 주머니로 챙기는 것이다. 이는 일감 몰아주기보다 심각성은 덜하지만 기타 주주의 부를 지배주주가 가로채는 것이라는 점에서는 다름이 없다. 그러므로 지배주주가 과도한 급여를 받는 것은 기업의 가치를 훼손해 기타 주주가 실제 얻어야 할 자본 이득의 크기를 줄이거나 주가를 예상보다 더 많이 하락하게 하므로 기타 주주가 더 많은 손실을 보도록 하는 결과를 초래할 수 있다.

전문 경영인의 동기 부여 악화

지배주주가 과도한 급여를 받으면 이를 옆에서 지켜보는 전문 경영인은 어떠한 생각이 들까? '회장님이니까 당연히 우리보다 더 많은 급여를 받아야지'라고 생각하는 사람도 있을 수 있다. 반면에 '왜 회장님 혹은 그 일가는 우리보다 더 많은 급여를 받아야 하나?'라고 의문을 제기하는 사람도 있을 수 있다.

단적으로 재벌가의 자제들이 임원직에 오르는 데 걸리는 기간은 대략 5년 내외이다. 그러나 신입 사원이 임원이 되는 데 걸리는 기간은 보통 20~25년이다. 사원 3~4년, 대리 3~4년, 과장 3~4년, 차장 3~4년, 부장 3~4년이 필수적이다. 각 단계를 누락 없이 완수하더라도 20년이 지나야 임원을 달 자격이 주어진다. 어떤 기업은 임원 이

전 단계로 부상무 혹은 상무보라는 별도의 직책을 두어 임원으로서 능력이 있는지를 한 번 더 검증한다.

그러나 재벌가나 지배주주의 자녀들은 평사원으로 입사하더라도 초고속으로 임원이 된다. 이를 바라보는 부장, 혹은 이제 막 임원이 된 전문 경영인은 어떤 생각이 들까? 여전히 회장님 자제분은 능력이 뛰어나니까 그럴만한 자격이 있다고 생각할까? 혹은 세상이 원래 그러니 어쩔 수 없다고 받아들이면서 자포자기할까? 어떤 생각을 할지는 독자 여러분의 상상에 맡기겠다.

그러므로 지배주주가 자신이 제공하는 경영 서비스에 걸맞지 않게 과도한 급여를 받으면 전문 경영인의 사기는 꺾이고 경영을 더 잘하려는 동기는 약해진다. 동시에 전문 경영인은 경험과 지식에서 오는 경영 감각과 사물을 보는 통찰력을 보유하고 있어 어떻게 행동하는 것이 최선의 선택인지 이성적으로 금방 파악할 수 있을 것이다. 경영자로서의 자질을 갈고 닦는 것보다 지배주주의 곁에서 그들의 의중을 살피고 그들이 원하는 일을 하는 것이 자신이 성장하는 길이라고 생각하게 될 것이다. 즉, 전문 경영인이 아니라 지배주주의 가신으로서 그들의 비서 역할을 하는 것에 만족할 수도 있다.

슬픈 이야기이지만 얼마 전에 검찰에서 롯데그룹의 비자금 수사를 하기 위해 롯데그룹 본사를 압수 수색한 일이 있다. 이 일로 롯데그룹 이인원 부회장이 스스로 목숨을 끊는 안타까운 일이 발생했다. 이 사건을 두고 인터넷에서는 많은 사람이 이인원 부회장이 안타깝다고 했다. 동시에 롯데 신동빈 회장에게 충성하는 신하라고 이인원 부회장을 칭찬하고 신동빈 회장의 리더십을 다시 봐야겠다고 이야기하는 사람도 많았다. 전문 경영인이 경영으로 칭송받는 것이 아니라 지배주주를 위한 충성심으로 칭송받는 현실이 안타까울 뿐이다.

지배주주가 전문 경영인에 비해서 과도한 급여를 받는다면 전문 경영인은 자신의 능력을 펼치기보다 지배주주의 가신으로 남으려는 경향이 강해질 수 있다. 이것은 좁게 보면 한 기업의 손실이지만 넓게 보면 기업은 경쟁력을 상실하게 되고 결국 우리나라 경제는 창의성을 잃어버리는 결과를 초래하게 될 것이다.

수직적 사회문화 고착화

우리나라는 조선시대 성리학의 영향으로 예의범절을 엄격하게 따졌다. 조선이라는 왕조가 사라진 지 100년이 넘게 흘렀지만 아직 사람들의 가치관에는 예의에 대한 엄격함이 남아 있다. 1960년 4·19 혁명으로 민주주의가 찾아왔지만 5·16 군사 쿠데타와 군부의 정치가 1993년 문민정부가 들어설 때까지 이어지면서 우리 사회는 경직되었고 위계질서를 강조하는 문화가 사회 전반에 깔렸다. 1993년 문민정부 이후 25년이 흘렀고 사회의 많은 곳에서는 수평적인 문화가 자리 잡고 있지만 기업에는 여전히 수직적인 문화가 팽배해 있다.

지배주주는 곧 왕이라는 인식이 알게 모르게 퍼져 있다. 아무리급한 일이 있더라도 늘 회장님이 시킨 일이 업무 우선순위 1위가 된다. 회장님이 사업장을 방문한다고 하면 며칠 전부터 사업장의 대청소가 이루어진다. 회장님과 하는 식사는 너무 긴장해 코로 먹는지, 입으로 먹는지 분간하기 어려울 때가 많다. 회장님이 회식 자리에서 술이라도 한 잔 따라주면 마치 어사주를 받듯이 하고 이를 자랑스러워한다. 이러한 행태는 지배주주가 존재하는 기업에서 일상적으로 일어난다.

얼마 전 LG의 한 외국인 임원은 자신의 글에서 LG의 지배주주가 해외 사업장을 시찰할 때면 지배주주, 즉 회장님이 좋아하는 물건들을, 그 물건들이 잘 팔리는 것이든 아니든 상관없이, 멋지게 진열하는 것이 하나의 관례라고 했다. 물건을 팔기 위해서가 아니라 회장님 마음에 들도록 준비하는 것이다. 사업을 확대하고 고객을 만족시키는 것과는 거리가 먼 행동들에 많은 인원이 투입되는 것이다. 주재원 역시 해외 사업을 확대하기 위해 파견되지만 그의 가장 중요한 일이 의전이 되어 버린 것은 공공연한 사실이다. 본사의 고위 임원이 방문했을 때 의전을 어떻게 수행하는지가 곧 주재원의 능력이라는 인식이 여전히 팽배하다.

이렇듯 지배주주 혹은 회장님이 있으면 역사의 흐름인 수평적인 문화를 거스르는 수직적이고 경직된 문화가 확산된다. 이는 직원들의 창의력을 약화시켜서 결국에는 기업 자체의 경쟁력을 잃게 만든다. 나아가 세계 시장에서 한국 기업의 경쟁력을 잃게 만들어 오로지

내수 시장만을 보고 경쟁해야 하는 상황이 올 수도 있다.

서구의 많은 기업에는 지배주주가 존재하지 않는다. 그러한 환경에서 직원이나 경영진이 신경을 쓸 것은 기업의 성과를 높이기 위한 방법뿐이다. 그 과정에서 수평적인 사고를 요구하고 이를 통해서 직원들의 능력과 창의력을 극대화한다. 결국 이러한 능력과 창의력은 서구 기업의 성장의 원천이다. 4차 산업혁명이 진행 중인 오늘날에는 시키는 일을 기계적으로 하는 것보다 창의력을 통해 문제를 해결하고 남들과의 차별화를 통해 경쟁하는 자세가 더욱 요구된다.

직원들의 애사심 약화

지배주주가 받는 급여는 전문 경영인의 급여와 비교할 때 그들이 제공하는 노동에 비해 과한 측면이 있다고 볼 수 있다. 노동에 대한 적절한 대가라고 보기 어렵다. 이러한 일들이 지속적으로 반복된다면 그 기업에 속한 직원들은 이를 어떻게 받아들이겠는가? 윗물이 맑아야 아랫물이 맑다는 속담이 있다. 최고위급 경영진이 능력에 비해 너무 많은 급여를 받아간다면 일선 직원들은 분명 사기가 저하될 것이고 상대적 박탈감이 커질 것이다.

나아가 직원들이 일을 더 잘하기 위해 많은 노력을 기울이려 하지 않을 것이다. 회장 혹은 사장들이 그들의 능력보다 과도한 급여를 받아가는 것을 보고 직원들에게는 '왜 내가 일을 열심히 잘해야 하지?'

하는 의문이 들 것이기 때문이다. 그래서 적당히 일하는 문화가 자리 잡고 그러한 기업들은 서서히 경쟁력이 사라질 것이다.

일반 직원들이 기업에 입사해서 롤 모델로 삼을 수 있는 사람은 해당 기업의 전문 경영인인데 전문 경영인에 대한 대우와 지배주주 출신의 경영인에 대한 대우가 판이하다면 누가 자신의 많은 것을 희생하며 최선의 노력을 다하겠는가? 노력하는 대신 노력하는 척할 것이다. 더구나 기업의 가치를 높이기 위해서 노력하기보다 지배주주의 가신 그룹에 속하려고 노력할 개연성이 더 클 것이다.

발생 원인 및 해결책

지배주주들이 과도한 급여를 받는 관행이 문제인 줄 아는데도 이러한 문제가 사라지지 않는 근본 원인은 무엇인가? 그리고 이에 대한 해결책은 존재하지 않는가? 일단 문제의 원인은 이 장에서 살펴보고 해결책은 6장에서 일감 몰아주기의 해결책과 같이 살펴보겠다.

이사회의 독립성 상실

이사회 구성원인 등기이사들의 총급여는 주주총회의 승인 사항이다. 매년 주주총회에서 등기이사에게 지급할 수 있는 보수 총액을 승인한다. 5명의 등기이사로 구성된 주식회사 A가 있다고 가정하자. 그리고 주주총회에서 이 이사 5명에게 지급할 연간 급여 총액 100억 원을 승인했다고 하자. 이 이야기는 이사 5명에게 평균적으로 20억 원씩 지급한다는 개념이 아니라 이사 5명 모두에게 지급할 수 있는 총액의 한도를 100억 원이라고 승인했음을 의미한다. 실제 집행은 주주총회에서 승인한 그 100억 원 한도에서 하는 것이다.

그러면 어떤 이사가 얼마를 받을지는 누가 결정하는가? 이미 주주총회에서 등기이사들에게 지급할 보수 총액을 승인했기 때문에 그 안에서 각 등기이사에게 개별적으로 지급할 보수는 이사회에서 결정한다. 기업 규모가 일정 수준 이상인 기업은 이사회 안에 보수 위원회를 설치한다. 보수 위원회는 등기이사 개개인의 직무와 직책을 고려해 개별 보수를 산정해 지급한다. 이 말은 지배주주인 등기이사의 보수 역시 이사회에서 결정한다는 뜻이다. 일반 주식회사에서 사외 이사는 등기이사 총수의 1/4 이상으로 선임해야 한다. 즉, 등기이사가 다섯 명이라면 사외 이사를 최소한 두 명 선임해야 한다. 그러나 자산 총액 2조 원 이상의 상장회사는 세 명 이상 혹은 이사 총수의 과반 이상을 사외 이사로 구성해야 한다.

이렇게 이사회의 독립성을 보장하는 규정이 있더라도 실제로는 사외 이사들이 지배주주의 경영을 견제하기 어렵다. 왜냐하면 지배주주에게 호의적인 사외 이사를 선임하는 경우가 일반적이기 때문이다. 그리고 사내 상근이사 중에서 등기이사를 선임하더라도 지배주주가 그 이사들의 인사권을 쥐고 있기 때문에 사내에서 선임된 등기 이사들 역시 지배주주를 견제하기 어렵다. 지배주주의 과도한 급여는 나머지 이사들이 동의했기 때문에 지급할 수 있는 것이다. 이사회가 지배주주로부터 독립적으로 운영된다면 현대차 정몽구 회장이 많은 기업에서 겸직하면서 90억 원 이상의 급여를 받을 수 있을까?

지배주주는 곧 왕

지배주주가 있는 기업은 기업의 외형이나 상장 여부와 상관없이 지배주주는 자신이 지배하는 회사가 곧 자기의 회사라고 생각하는 경향이 있다. 삼성의 이재용 부회장은 실제적으로 삼성전자를 지배할 수 있는 지분이 20% 이하인데도 삼성전자가 자신의 회사라고 생각할 수 있다. 80%에 해당하는 주주들이 버젓이 있지만 자신이 가장 많은 영향력을 행사하기 때문이다. 그리고 이러한 관행이 너무 오랫동안 이어져서 사람들은 대부분 지배주주가 보유한 지분의 많고 적음을 떠나 암묵적으로 지배주주가 곧 그 회사의 주인이라는 것에 동의한다. 그러므로 그룹의 이름보다는 그룹 총수의 이름이 곧 그룹이 되는 것이다.

지배주주 역시 자신이 대주주로 있는 회사가 자신의 기업이라고 강하게 믿는 경향이 있다. 실제로는 100% 지분을 갖고 있지 않더라도 100% 지분을 갖고 있는 것처럼 자신이 원하는 모든 일을 할 수 있기 때문이다. 지배주주는 자신이 승진시키고 싶은 사람은 언제든 임원이나 사장으로 승진시키고, 맘에 들지 않는 전문 경영인이나 직원은 언제든지 해고할 수 있는 인사권을 쥐고 있다.

자신이 그 기업 안에서는 왕인 것이다. 프랑스의 루이 14세가 강력한 왕권으로 태양왕이라고 불렸고 지금의 지배주주 역시 루이 14세 못지않은 강력한 지배력을 자신이 지배하는 회사 내에서 갖고 있다. 이러한 믿음이 더욱더 지배주주의 전횡을 견제하지 못하게 만드는 것이고 지배주주는 내 회사의 돈을 내가 가져가는데 누가 뭐라 하느냐고 생각할 수 있다. 그들에게는 회삿돈도 내 돈이고 내 돈도 내 돈이라는 생각이 강하게 들어 있음을 그 행동을 보고 추측할 수 있다.

그러면 이러한 문제는 어떻게 해결할 수 있는가? 문제의 원인이 나왔으니 그 원인을 해소하면 이러한 문제를 상당 부분 해결할 수 있다. 해결은 못 할지라도 최소한 지배주주를 견제하기에 충분한 장치를 마련해 주식회사가 지분대로 소유권을 인정하는 원래의 의미로 회복되도록 할 수 있을 것이다. 구체적인 방법은 6장에서 깊이 있게 다루겠다.

05 투자 기회 가로채기

　기업이 지속적으로 성장하기 위해서는 미래의 비전이 있어야 한다. 기업의 미래 비전은 그 기업이 지금 어떠한 투자를 하는지에 달려 있다. 그러므로 어느 기업이든 미래의 생존과 번영을 위해 수많은 투자 기회를 검토하고 실행한다. 이러한 기업의 투자는 크게 두 가지로 분류할 수 있다. 하나는 신규 투자이다. 신규 투자는 기업의 미래를 결정한다고 볼 수 있다. 다른 하나는 경상 투자이다. 경상 투자는 현재 영위하는 사업을 유지하기 위한 투자이다. 쉽게 이야기하면 신규 투자는 새로운 기계나 건물 등을 구입하는 것이며, 경상 투자는 기존의 기계나 건물 등을 유지 보수하는 것이다. 그러므로 기업의 의사 결정자들은 경상 투자보다는 신규 투자에 관심이 더 많다.

지배주주를 포함한 기업의 의사 결정자들은 대부분의 신규 투자에 대해 보고받는다. 특히 기업의 미래에 중대한 영향을 미칠 수 있는 신규 투자는 전문 경영인의 의사 결정 영역이라기보다는 지배주주의 의사 결정 영역이다. 예를 들어 SK가 하이닉스를 인수한 것은 SK의 지배주주인 최태원 회장의 승인이 없다면 사실상 불가능했을 것이다. 중요한 신규 투자의 규모는 기업 규모에 따라 달라서 절대치로 설명하기보다는 기업의 전체 자산 규모를 통해 비율로 설명하는 것이 합당하다.

실제 기업에서 일정 규모 이상이 되는 투자, 즉 대부분의 기업은 기업 자산의 5% 혹은 10%를 초과하는 투자에 대해서는 이사회의 승인을 받도록 하는 정관이나 이사회 운영 규정이 있다. 그러므로 그러한 투자는 모두 사실상 지배주주의 검토를 거치고 지배주주가 명시적이든 암묵적이든 승인해야 이사회에서 승인하는 것을 자주 관찰할 수 있다. 이사회가 회사의 최고 의사 결정 기구라고 경영학 교과서에서 배우지만, 지배주주가 존재하는 기업에서 최종적인 의사 결정은 지배주주가 하고 이사회는 이를 추인하는 경우가 많다. 이 과정에서 지배주주는 기업의 투자 기회를 가로챌 수 있는 여건이 마련된다.

투자 기회 가로채기가 무엇인가?

앞에서 살펴본 투자 의사 결정을 하는 데 지배주주와 기타 주주 간의 이해 상충의 결과가 발생할 수 있다. 다시 말하면 애덤 스미스가 제기한 경제적 이기심이 지배주주에게 최대한으로 발생하고 지배주주는 회사의 가치 증대를 통해 자신의 부를 증대시킬 것인지, 회사의 가치를 훼손하고 동시에 자신의 부도 일부 훼손하면서 다른 방법으로 부를 축적할지 고민에 빠질 수 있다.

예를 들어, 다음과 같은 투자 기회가 있다고 가정하자. 지배주주는 〈그림 5-1〉과 같이 기업의 지분 30%를 보유하고 있으며 이를 통해 기업 전체를 지배한다. 투자 원금은 100원이고 투자의 성공 확률은 90%, 실패 확률은 10%이다. 성공하면 기업 가치가 90원 증가하고 실패하면 기업 가치가 10원 감소한다. 즉, 이 투자에 대한 기댓값은 80원이다. 100원을 투자하면 80원의 수익이 기대된다. 기업으로서는 이 투자를 하는 것이 타당하다.

만약 지배주주도 현재 100원이 있다고 가정하자. 지배주주가 이 투자안을 보고받았을 때, 지배주주의 이기심이 극대화된다면 지배주주는 어떤 결정을 하겠는가? 만약 이 투자를 기업이 한다면 기업 가치가 80원 증가할 것으로 기대할 수 있다. 이 경우 투자 수익에 대한 지배주주의 몫은 24원이다(80원/30%). 만약 이 투자를 지배주주 혼자 한다면 지배주주의 부는 80원 증가할 것이다. 그러므로 이 투자를 기업

〈그림 5-1〉 **성공 확률 90%, 실패 확률 10%의 투자 기회**

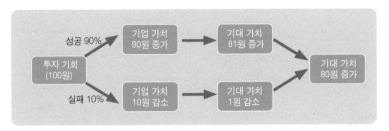

에서 실행하지 않고 지배주주가 한다면 지배주주가 30%의 지분을 보유한 기업이 투자를 하지 않아서 지배주주는 24원의 기회 이익을 상실할 것이다. 그러나 동시에 자신의 돈으로 투자해서 80원의 이익을 얻을 것이다. 그러므로 한쪽의 손실과 한쪽의 이익을 합하면 지배주주에게는 56원의 이익이 발생할 수 있다. 그러므로 지배주주로서는 성공 가능성이 높은 투자는 자신의 자금으로 해야 자신의 부를 더 불릴 수 있다. 그러한 관점에서 지배주주에게는 성공 가능성이 90%나 되는 이 투자를 자신의 개인 자금으로 투자할 유인이 생긴다.

반대의 예를 들어보자. 동일하게 지배주주는 30%의 지분으로 회사의 모든 의사 결정을 장악하고 있다. 지배주주는 다음과 같은 투자 기회가 있다는 것을 알았다. 실패할 확률이 매우 높은 투자이다. 그러나 지배주주는 이 투자를 하고 싶어 한다. 이 투자가 성공할 가능성이 낮아서 다들 반대하지만, 이 투자를 하면 지배주주가 다른 지배주주와의 사교 만남에서 자랑할 거리가 될 것 같다고 가정하자. 혹은 지배주주가 평소에 꼭 해보고 싶었던 투자라고 가정하자.

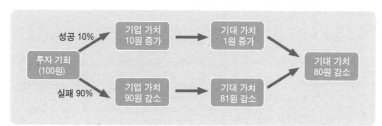

〈그림 5-2〉 성공 확률 10%, 실패 확률 90%의 투자 기회

결국 일부 전문 경영인이 반대하지만 회장님 말씀이라 거역하지 못하고 이 투자를 하기로 결정한다. 이 경우 지배주주는 누구의 돈으로 어떻게 투자할까? 만약 이 투자에 소요되는 100원을 전액 회삿돈으로 한다면 회사는 80원의 손해를 보고 지배주주도 결국 24원의 손해를 보게 된다. 지배주주가 보유한 자신의 돈으로 투자하면 자신의 돈 80원의 손해를 볼 수 있다.

지배주주는 자신이 평소 해보고 싶었던 것을 위해, 혹은 자신의 허세를 위해 자신의 돈 24원의 손실을 보는 것을 원치 않을 것이다. 이 경우 어떻게 해야 할지 고민에 빠지게 된다. 다행히 지배주주가 보유한 기업은 〈그림 5-3〉과 같은 지분 구조를 갖고 있다.

기업 A가 이 투자안을 실행하면 지배주주도 24원의 손실을 볼 수 있다. 그럼 어떤 기업이 투자해야 실패하더라도 지배주주의 손실이 가장 적을까? 그것은 지배주주의 간접 보유 지분까지 계산했을 때 지배주주의 지분이 가장 적은 기업 E가 해야 한다.

지배주주는 기업 B의 지분 7.5%(30×25), 기업 C의 지분 21%(30×70),

〈그림 5-3〉 지배 구조의 지분 구조도

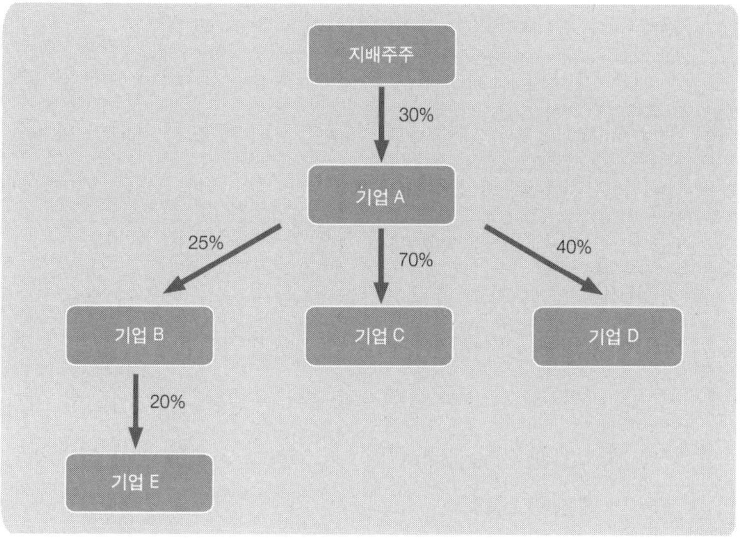

기업 D의 지분 12%(30×40), 기업 E의 지분 1.5%(30×25×20)를 간접 보유하고 있다. 그러므로 지배주주는 기업 E에서 이 투자를 하라고 지시할 것이다. 실패하더라도 총손실 80원×1.5%=1.2원의 보유 지분 가치만 손실을 본다. 게다가 이 투자를 할 때 전액 자기자본으로 투자하기보다 차입금을 통해서 차입 투자를 하라고 할 것이다. 그러면 그 1.2원의 손실 역시 채권자와 공동으로 부담하기 때문에 지배주주의 직접적인 손실은 더 축소된다. 그러므로 지배주주는 이 투자를 결정하고 실행한다 해도 큰 손실이 아니라고 생각할 것이다. 그리고 그 정도 손실은 언제든지 좋은 투자 기회가 발생하면 자신이 직접 투자해서 메울 수 있다고 생각한다.

지배주주가 있다면 위의 두 번째 사례처럼 지배주주는 투자를 하고 싶은데 투자안의 경제성이 오히려 낮은 혹은 마이너스인 투자를 다른 주주의 자금, 혹은 채권자의 자금으로 하고 기업 자체의 가치를 훼손시킬 동기가 다분히 있을 수 있다. 지배주주의 이익 극대화와 기업의 이익 극대화가 모든 상황에서 동일할 수 없기 때문이다.

특히 이러한 투자 기회 가로채기는 실물 투자인 경우에 일감 몰아주기와 같이 결합해 발생할 수 있다. 순수하게 투자 기회를 가로채는 경우는 기업의 자금을 마련하는 상황에서 발생한다. 기업에서 투자 혹은 운영에 필요한 자금을 마련할 때는 주로 주주를 통하거나 채권자를 통하는 방법이 있다.

주주를 통해 자금을 마련하는 방법은 유상증자의 형식을 빌린다. 유상증자는 절차상 번거로움이 많고 지배주주도 자금을 투입해야 하기 때문에 우리나라의 유상증자 방법은 일반적으로 구주주가 신주 인수를 포기하지 않는 한 구주주의 주식 보유 비율대로 신주를 취득하고 취득 대금을 회사에 납부해야 한다. 즉, 기존에 지배주주가 30%의 지분을 보유하고 기타 주주가 70%의 지분을 보유한다고 가정하자. 유상증자 금액이 1000억 원이면, 지배주주는 지분 30%를 유지하기 위해 신주 발행 대금 300억 원을 회사에 납부해야 한다. 그러므로 지배주주는 자기 자신의 자금 부담 때문에 유상증자를 좋아하지 않는 경향이 있다.

반면에 채권자를 통한 자금 마련 방법은 은행이나 투자 금융기관에서 빌리는 사채나 차입금이므로 유상증자보다 간편하고 지배주주의 자금 부담이 거의 없어 많은 기업이 선호하는 방식이다.

주식도 아니고 차입금도 아닌, 그 경계가 불분명한 자금 마련 방법도 있다. 기업이나 투자자가 원활하게 자금을 마련하고 쉽게 투자하도록 하기 위한 목적으로 만들어진 자본 마련 방법 혹은 투자 방법이 있다. 이러한 자금 마련 방법을 메자닌(Mezzanine)이라고 부른다. 전환사채나 신주 인수권부 사채가 대표적인 메자닌 형태의 자금 마련 방식이다.

전환사채는 기업은 사채의 형태로 투자자들에게서 자금을 공급받지만 사채권자는 사채 만기일에 현금으로 원금을 상환받을지, 사채를 기업의 주식으로 교환할지 결정할 수 있는 것이다. 마치 짜장면 집에서 나오는 짬짜면 같은 개념이다. 짜장면도 먹고 싶고 짬뽕도 먹고 싶을 때 두 가지를 동시에 먹는 방법이다. 채권처럼 안정적으로 이자를 수령하고 만기에 원금도 받고, 동시에 주식으로 높은 수익을 올리고 싶을 때 사용한다. 짬짜면을 시키면 그릇의 절반에 짜장면을 담고 나머지 절반을 짬뽕으로 담아 주면서 왠지 모르게 양에서 허전함을 느끼는 것 같은 불편함이 있는 것처럼 전환사채의 경우 액면 이자율이 다른 사채보다 낮은 단점이 있다.

신주 인수권부 사채는 사채이지만 신주를 살 수 있는 권한이 붙어 있는 사채를 의미한다. 전환사채와 다른 점은 전환사채는 사채 만기일 혹은 만기일 전이라도 주식으로 사채에 해당하는 원금을 변제할 수 있지만 신주 인수권부 사채는 사채 만기일이 되더라도 사채로서 원금을 회사가 갚고 신주 인수권부 사채를 보유한 투자자는 신주를 발행해 달라고 회사에 요구해 신주를 인수할지 말지를 결정해야 한다. 혹은 만기일 전이라도 사채와 신주 인수권을 분리해 사채는 타인에게 팔고 자신은 신주 인수권만 보유할 수도 있고 반대로 사채는 자신이 갖고 신주 인수권만 분리해 타인에게 매각할 수도 있다.

만약 기업에서 자금이 필요해 신주 인수권부 사채나 전환사채를 발행한다고 가정하자. 이는 주주들의 지분에 영향을 줄 수 있는 사항이기 때문에 대부분의 기업에서는 정관에 별도로 규정해놓는다. 그뿐만 아니라 이것은 지배주주의 지분을 희석시킬 수 있는 중대 사항이기 때문에 지배주주에게 필수적으로 보고하고 승인을 얻고 진행한다. 지배주주는 회사의 정보를 속속들이 알고 그 정보에 접근할 수 있다.

만약 내년부터 회사의 실적이 좋아진다는 것을 지배주주가 알았다면 지배주주는 자본 이득을 노리고 전환사채나 신주 인수권부 사채를 인수하고 싶을 것이다. 그래서 미래에 회사의 주가가 상승할 경우, 지금 결정한 주식 가격으로 전환사채나 신주 인수권부 사채를 통해 주식을 매입할 수 있다. 회사 내부 정보를 안다면 이는 땅 짚고 헤엄치기가 될 수 있는 투자이다.

반대로 미래에 기업의 성과가 나빠질 것으로 예상되면 지배주주는 신주 인수권부 사채나 전환사채에 투자하지 않을 것이다. 어차피 지금 설정해 놓은 전환 가액이나 신주 인수권 가액보다 주가가 더 낮아질 것으로 예상되기 때문에 손실을 입을 수 있는 데다 전환사채나 신주 인수권부 사채에 투자한 투자자들도 손실을 보면서 주식으로 전환하거나 신주 인수를 요구하지 않을 것이므로 지배주주의 지분에는 영향이 없을 개연성이 크기 때문이다. 결론적으로 메자닌 방식은 원래의 좋은 취지에 맞게 활용되기도 하지만 지배주주의 지분을 늘리고 부를 축적하는 도구로도 많이 이용되고 있다.

요약하자면 투자 기회 가로채기는 지배주주가 자신에게 유리한 상황이면 자신이 투자하고 자신에게 불리한 상황이면 회사가 투자하도록 하는 것이다. 그리고 자신에게 유리할지 불리할지 확신은 없지만 꼭 해야 할 투자일 때는 회사가 투자하도록 하는 것이다.

투자 기회 가로채기 사례

이 장에서는 이러한 투자 기회 가로채기를 몇 가지 사례를 통해서 집중적으로 알아보겠다. 2005년에 발생한 SK C&C 사례와 삼성의 경영권 승계 문제가 된 에버랜드 전환사채 발행과 신주 인수권부 사채 인수 사례, 제일모직과 삼성물산의 합병 관련 사례를 살펴보겠다. 또 지배주주가 자신의 이익을 위해 애덤 스미스가 이야기한 경제적으로 가장 합리적인 의사 결정을 어떤 식으로 했는지 알아보고, 그 의사 결정의 외부 효과로서 다른 주주들에게 끼친 효과를 계산해보자.

SK 경영권 승계

SK 최태원 회장은 SK C&C를 이용해 SK그룹의 경영권을 현재의 체제로 만들기 위한 자금을 마련했다. 이 과정에서 SK그룹 내 계열사들은 SK C&C에 일감을 몰아주었을 뿐만 아니라 스스로 투자할 기회를 포기했다는 의혹을 받아왔다. 그 결과 SK C&C에 투자한 최태원 회장은 상상할 수 없을 정도로 높은 투자수익률을 실현했으며 그 투자 이익을 바탕으로 현재의 지분 구조를 완성했다.

SK C&C는 1991년 선경텔레콤으로 설립되었으며 그룹의 정보 통신 서비스를 담당했다. 설립 당시 SK건설과 SK(2015년 SK C&C에 흡수합병)는 SK C&C의 지분 100%를 보유하고 있었다. 1994년 최태원 회장은 SK로부터 SK C&C 지분 70%를 주당 400원에 인수했고 그 후 SK C&C는 급속히 성장했다.

여기서 문제의 소지가 있는 것은 주당 400원이라는 거래 가격이다. 당시 SK C&C의 주당 액면가가 1만 원인데도 SK는 이를 1/25 가격인 400원에 매각했다. SK건설과 SK의 주주들은 투자 기회를 지배주주를 위해 자발적으로 헌납한 것으로 보일 여지가 있다. 이 거래로 SK건설과 SK의 주주들이 잠재적 손해를 보았고 그 손해만큼 최태원

〈그림 5-4〉 1999년 SK그룹의 주요 지분 구조도

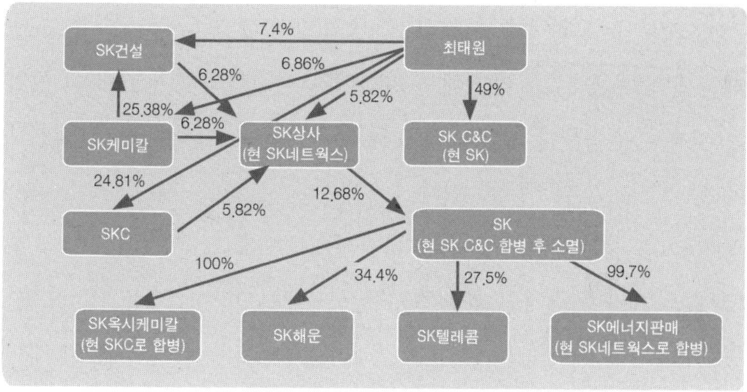

자료: 각 사 사업보고서.

회장의 부가 증가했을 개연성이 크다. 이 거래를 기점으로 SK C&C 는 SK그룹 지배 구조의 핵심 기업으로 변모할 수 있는 기반을 마련했다. 위에서 언급한 내용은 당시의 자료가 아니라 기사 등을 모아서 분석한 것이다.

최태원 회장은 SK C&C 지분 70%를 SK로부터 매입했는데 1999년 지분 구조도에는 SK C&C 지분 49%만 보유하고 있다. 최태원 회장이 SK C&C 지분을 헐값에 인수했고 그 후에 그룹의 일감을 몰아주는 관행이 지속되자 참여 연대 등 시민 단체에서 이를 문제 삼았다. 최태원 회장은 이를 무마하기 위해 거래를 원상회복하는 대신 SK C&C 지분 30%를 SK텔레콤에 무상 증여하는 것으로 타협했다.

1999년 말 SK C&C의 주주는 최태원(49%), SK텔레콤(30%), 김준일

(21%)이다. 이를 통해 유추해보건대 최태원 회장과 특수 관계인은 SK C&C 지분을 SK건설과 SK로부터 100% 인수했고 이 중 30%를 SK텔레콤에 증여했다. 그 과정에서 최태원과 김준일의 지분 조정이 있었을 것으로 추정된다. 그 결과 최태원 회장이 40%가 아니라 49%를 보유했던 것으로 추측할 수 있다.

1999년 지분 구조도를 보면 실질적으로 SK그룹을 지배한 핵심 계열사는 SK이며 최태원 회장은 SK상사가 보유한 SK 지분 12.68%를 통해 SK그룹의 핵심 계열사를 지배하고 있었다. SK상사는 SK케미칼, SK건설, SKC, 최태원 회장 일가가 순환 출자를 하면서 SK상사를 지배하고 있었다.

2002년 최태원 회장은 SK에 대한 지배권을 강화하기 위해 자신이 보유한 워커힐 주식 325만 6298주를 SK 주식 646만 3911주와 교환하는 거래를 했다. 그러나 SK C&C 거래와 마찬가지로 두 기업의 가치 평가 방식이 이슈가 됐다. 워커힐은 당시 비상장 기업으로 상속 증여세법에 의해 주당 4만 495원으로 평가했고 SK 주식은 2만 400원으로 평가했다. 이 평가 방식이 부당하다는 주장이 제기돼 이 거래는 2003년 원상회복되었다. 그러나 SK C&C는 계열사들이 몰아주는 일감을 바탕으로 꾸준히 성장하면서 계속 SK의 지분을 확보했다.

2003년은 SK에 매우 특별한 해이다. SK C&C는 SK의 지분을 꾸준히 취득해 〈그림 5-5〉처럼 8.63%의 지분을 보유하고 있었다. 소버린이라는 외국계 펀드는 2003년에 SK 지분을 14.99% 확보했다. SK

〈그림 5-5〉 2004년 SK그룹 지분 구조도

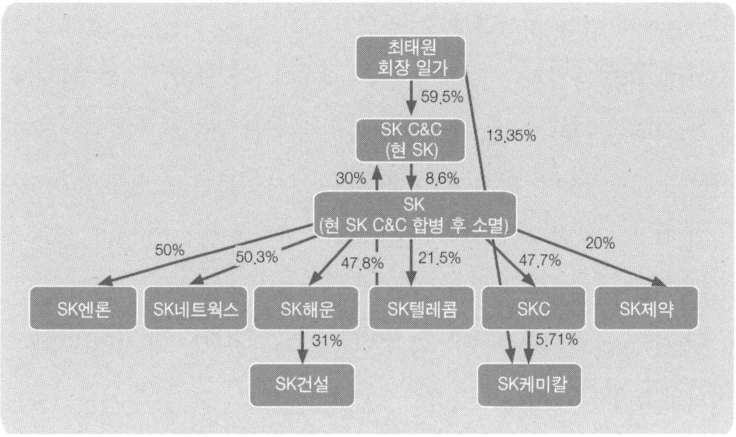

자료: http://wiredhusky.tistory.com/124(검색일: 2017년 5월 8일).

C&C의 8.63%보다 무려 6.36%나 더 많이 보유한 것이다. 이를 계기로 소버린과 SK는 경영권 분쟁에 들어갔다. 소버린은 SK에 투명한 경영을 요구하며 지배주주가 경영 일선에서 물러나고 더 많은 배당을 하라고 압박했다.

경영권 분쟁의 승자는 SK그룹이었으나 소버린 역시 2005년에 마지막 남은 SK 1주를 처분할 때까지 2년간 약 1조 원의 투자 차익을 얻었다. 이를 계기로 SK는 지배 구조 강화에 더 힘을 쏟았고 SK C&C는 SK 주식을 추가로 확보하기 시작해 2008년에는 지분이 30.08%까지 이르게 됐다.

최태원 회장은 SK C&C 주식을 1994년 주당 400원(액면가 1만 원)에 매입하며 15년이 흐른 2009년 11월 11일에 코스피 시장에 공모가 3만 원(액면가 200원)에 상장했다. 공모가 3만 원(액면가 1만 원)은 최태원 회장이 매입한 가격보다 50배나 높은 것이다. 즉, 액면가 1만 원 기준으로 최태원 회장이 매입한 400원짜리 주식은 공모가 3만 원으로 환산하면 주당 150만 원이 되는 셈이다. 자본이득만을 계산한다면 최태원 회장은 주당 3750배(37만 5000%)의 투자 수익을 실현했다고 볼 수 있다.

15년 동안 연평균 약 70%의 수익률을 기록한 것이다. 이 수익률은 정의선 부회장의 현대글로비스, 정성이 이사의 이노션 투자수익률보다 더 높다. 2015년 SK C&C는 SK를 흡수합병한 후 사명을 SK로 바꾸고 SK가 중심이 되는 더욱 안정적인 지배 구조를 만들었다. 오늘날의 SK로 성장한 이면에는 SK의 많은 임직원의 노력이 있었고 수많은 소액 주주들의 눈물과 땀이 있었다. 현재 SK가 갖고 있는 안정적인 지분 구조를 만들기 위해 1994년부터 SK건설과 SK 주주들의 희생을 강요했다고 볼 수 있다. 또 SK텔레콤, SK네트웍스 등 많은 SK그룹 계열사가 매년 SK C&C에 일감을 몰아주며 주주들 몫의 부를 최태원 회장에게 몰아주었다는 의혹에서 자유로울 수 없다.

삼성 경영권 승계

〈표 5-1〉은 국내 재벌 중 일감 몰아주기와 투자 기회 가로채기를

〈표 5-1〉 **국내 재벌의 부의 증가액**

순위	그룹	이름	부의 증가액	수익률
1	삼성	이재용	7조 3,489억 원	27,747%
2	SK	최태원	4조 952억 원	68,239%
3	현대차	정의선	3조 6,393억 원	8,452%
4	삼성	이부진	2조 4,851억 원	38,292%
5	삼성	이서현	2조 4,851억 원	38,292%

자료: "8대 재벌 총수일가 '일감몰아주기' 등으로 불린 돈 26조원", 《한겨레》, 2016년 12월 4일 자. http://www.hani.co.kr/arti/economy/economy_general/773193.html(검색일: 2017년 6월 7일).

통해서 얻은 부가 많은 상위 5인의 명단이다. 1등부터 5등까지 삼성, SK, 현대차가 포진하고 있다. 2016년 공정거래위원회에서 공기업을 포함한 자산 기준 재계 순위 5등 안에 이들 기업이 포진해 있다. 자산 기준으로 삼성은 1위, 현대차는 2위, SK는 5위에 올라 있다.

이재용 부회장이 에버랜드 주식을 취득한 것은 1994년부터 1996년까지의 일이어서 전자공시시스템으로 세부 내용을 확인할 수 없다. 그래서 1994년의 에스원 주식 취득부터 1998년 에버랜드 전환사채 취득까지의 과정을 잘 정리한 《비즈니스포스트》 2014년 3월 21일 인터넷판 기사 '이재용이 45억으로 3조 6000억 만든 비결'을 요약해 독자들에게 제공한다. 아래는 《비즈니스포스트》의 기사 내용이다.

1994년 10월 이재용 부회장은 이건희 회장에게 30억 1000만 원을 증여받고 증여세를 내고 남은 돈으로 같은 해에 삼성 계열사인 삼성에버

<표 5-2> 에스원

시기	자금 원천		자금 투자		자금 회수			비고
	금액	출처	금액	투자내역	금액	회수 내역	잔여 지분	
1994	30억 1,000만 원	이건희 회장 증여	28억 1,600만 원	에스원 주식 12만 1,880주 매입				
1996					60억 5,662만 원	2만 주 매각	10만 1,880주 보유	상장
	55억 6,100만 원	에스원 주식 매각대금	55억 6,100만 원	에스원 유상증자	295억 3,600만 원			

자료: "이재용이 45억으로 3조 60억 만든 비결", ≪비즈니스포스트≫, 2014년 3월 21일 자를 요약.

랜드 등으로부터 비상장 기업인 에스원 주식을 매입했다. …… 에스
원은 1996년 1월에 상장했고 이재용 부회장 자신이 보유한 주식 중에
2만 주를 팔아 60억 5662만 원의 종잣돈을 마련했다.

이재용 부회장은 1996년 8월에 55억 6100만 원으로 유상증자에
참여해 에스원 지분을 다시 확보했다. 그 후 다시 비싼 가격으로 매각
해 총 295억 3600만 원을 벌었다. 이재용 부회장의 수중에는 355억
9300만 원이 들어 있게 되었다.

이재용 부회장은 또 다른 비상장 기업인 삼성엔지니어링을 통해
서도 많은 부를 축적했다. 1994년 1월에 국제엔지니어링으로부터 삼
성엔지니어링의 신주 인수권 12만 주를 주당 500원씩 총 6000만 원
에 매수했다. 그리고 추가로 삼성엔지니어링의 신주 12만 주를 주당

<표 5-3> 삼성엔지니어링

시기	자금 원천		자금 투자		자금 회수			비고
	금액	출처	금액	투자 내역	금액	회수 내역	잔여 지분	
1994	6,000 만 원	미확인	6,000만 원	신주 인수권 12만 주 (500원/주)				
	6억 원	미확인	6억 원	신주 12만 주 (5,000원/주)				
1995		미확인		신주 인수권 16만 주 (500원/주)				
		이건희 회장 증여		신주 22만 4000주 (5,000원/주)				
1996					273억 3,700만 원	미확인	미확인	상장

자료: "이재용이 45억으로 3조 60억 만든 비결", ≪비즈니스포스트≫, 2014년 3월 21일 자를 요약.

5000원에 취득했다.

1995년 4월에 이건희 회장에게서 추가로 12억 원을 증여받고 이 돈으로 삼성엔지니어링 신주 인수권 16만 주를 8000만 원에 인수하고 11억 2000만 원을 더 투자해 다시 삼성엔지니어링 신주 22만 4000주를 취득했다. 삼성엔지니어링은 1996년 12월 상장했고 이재용 부회장은 지분을 매각해 총 273억 3700만 원을 보유하게 되었다. 결국 삼성엔지니어링 주식 투자와 에스원 주식 투자를 통해서 628억 원의 부를 축적했다. 당연히 삼성 계열사가 가져가야 할, 혹은 다른 주주들이 가져가야 할 몫을 이재용 부회장이 가져간 것으로 볼 수 있다.

마지막으로 1996년 3월에 이건희 회장에게서 10억 1000만 원을

<표 5-4> 제일기획

시기	자금 원천		자금 투자		자금 회수			비고
	금액	출처	금액	투자 내역	금액	회수 내역	잔여 지분	
1996	10억 1000만 원	이건희 회장 증여		전환사채 매입				기존 주주 실권
	9억 2000만 원	이건희 회장 증여	9억 7775만 원	신주 19만 5550주 (5,000원 /주)				총지분 25.75%
1998					161억 원	지분 매각	0%	25.75% 전량 매각

자료: "이재용이 45억으로 3조 60억 만든 비결", 《비즈니스포스트》, 2014년 3월 21일 자를 요약.

증여받아 제일기획이 발행한 전환사채를 매입했다. 전환사채는 기존 주주들에게 주어졌지만 기존 주주들 모두가 이를 실권해 이재용 부회장이 그 실권 전환사채를 매입했다. 과연 어떤 주주들이 전환사채를 집단으로 실권할 수 있었겠는가? 삼성그룹 전문 경영인들의 조직적인 참여와 동의가 없었다면 불가능한 일이라고 의혹을 제기할 수 있다.

이재용 부회장은 1996년 4월 이건희 회장에게서 9억 2000만 원을 추가로 증여받아 제일기획의 유상증자에 참여했다. 주당 5000원씩 19만 5550주를 총 9억 7775만 원에 취득함으로써 제일기획 지분 25.75%를 확보해 제일기획의 최대 주주가 되었다. 20억 원이 넘지 않는 자금으로 이재용 부회장은 단숨에 제일기획의 최대 주주가 되었다. 과연 이것이 정상적인 거래이고, 정상적인 기업에서 가능한 일

〈표 5-5〉 **삼성에버랜드**

시기	자금 원천		자금 투자		자금 회수			비고
	금액	출처	금액	투자 내역	금액	회수 내역	잔여 지분	
1996				125만 4000주 (7,700원/주)				이재용 외 2인

자료: "이재용이 45억으로 3조 60억 만든 비결", 《비즈니스포스트》, 2014년 3월 21일 자를 요약.

인가? 1998년 제일기획이 상장한 후 이재용 부회장은 보유 주식 전량을 매각해 161억 원을 회수했다.

삼성그룹의 실질적인 지배 회사인 에버랜드는 1996년 전환사채를 발행하기로 결정했다. 당시 에버랜드 전환사채 가격은 주당 8만 5000원대이지만 에버랜드는 전환사채를 주당 7700원에 125만 4000여 주 발행했다. 시세보다 매우 저렴하게 발행했지만 이건희 회장 등 개인 주주, 삼성전자, 제일모직, 중앙일보, 삼성물산은 자신들이 전환사채를 매입할 수 있는 권리를 포기했다. 그 결과 실권된 전환사채는 이재용 부회장 남매들이 인수했다. 그리고 전환사채를 주식으로 전환해 이재용 부회장과 그의 자매들은 에버랜드의 최대 주주가 되면서 사실상 삼성그룹의 경영권을 승계했다. 지금까지 있었던 일들을 〈표 5-6〉으로 보면 회사별로 이재용 부회장 및 그의 자매들이 다른 주주들의 투자 기회 포기를 통해서 얼마나 많은 부를 축적했는지 확인할 수 있다.

영화 〈더 킹〉의 조인성의 대사처럼 이제 정말 큰 판이 이재용 부회장과 그의 자매들에게 기다리고 있다. 2013년 에버랜드는 제일모

〈표 5-6〉 2014년 말 제일모직 주요 주주 및 보유 지분 가치

주주	주식 수	지분(%)	공모 가격(원/주)	총지분 가치 (억 원)
이재용	31,369,500	23.23	53,000	16,626
이부진	10,456,450	7.74	53,000	5,542
이서현	10,456,450	7.74	53,000	5,542
합계	52,282,400	38.71		27,710

자료: 사업보고서.

직의 패션 사업부를 흡수합병 한다. 2014년 7월 에버랜드는 제일모직으로 사명을 변경한다. 이제 에버랜드라는 회사는 존재하지 않는다. 자신의 과거를 세탁기에 넣어 세탁한 듯하지만, 전자공시시스템의 자료를 자세히 보면 세탁한 흔적들을 곳곳에서 발견할 수 있다. 2014년 12월 제일모직, 즉 에버랜드는 상장을 한다. 어머어마한 상장 차익이 발생했을 것이다. 2014년 말 상장 후 제일모직, 즉 에버랜드 주주 3인방의 주식 소유 비율은 〈표 5-6〉과 같다.

주당 7700원에 매입해 5만 3000원에 매각했으니 얼핏 보기에는 네다섯 배의 수익을 올린 것처럼 보이나 제일모직의 주가 5만 3000원은 액면가 100원짜리 주식 기준이다. 기준 가액이 액면가 5000원인 것을 감안하면 주당 7700원짜리 주식이 12년 만에 265만 원이 된 것과 같다. 12년 동안 기업 가치가 상상할 수 없이 증가했다고 말할 수도 있다. 동시에 처음 전환사채를 말도 안 되게 저렴하게 매입했다고 말 할 수도 있는 것이다. 7700원이 265만 원이 되려면 약 344배(3만

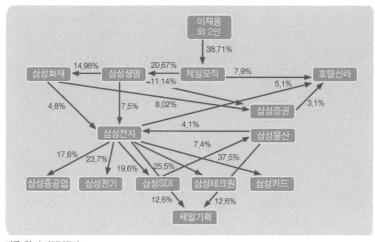

〈그림 5-6〉 2014년 삼성그룹 주요 기업 지분 구조도

자료: 각 사 사업보고서.

4400%의 투자수익률)가 상승해야 한다. 12년 동안 연평균 수익률로는 63%
이다.

〈그림 5-6〉은 2014년 말 기준의 삼성그룹 주요 기업들의 지분 구
조도이다. 지분 구조도를 보면 삼성그룹의 지배 구조에서 핵심 기업
은 크게 두 개라는 것을 확인할 수 있다. 첫째는 삼성생명이다. 삼성
생명은 삼성에서 가장 규모가 큰 삼성전자 지분을 7.5% 보유하고 있
다. 삼성화재 지분도 14.98% 보유하고 있으며 삼성화재는 삼성전자
지분 4.8%를 보유하고 있다. 그러므로 삼성생명은 직간접으로 삼성
전자에 12.3%의 영향력을 행사할 수 있는 지분을 보유하고 있다.

삼성그룹에서 삼성전자가 차지하는 위상이 압도적으로 크므로 삼성전자를 지배해야 삼성그룹을 지배할 수 있다는, 그런 측면에서 삼성생명은 삼성그룹의 기업 지배상 핵심적인 계열사이다. 다른 하나는 삼성물산이다. 삼성물산 역시 삼성전자 지분 4.1%를 보유하고 있다. 그러므로 삼성생명과 삼성물산을 지배하면 자동으로 삼성전자에 지분 영향력을 16.4%나 행사할 수 있다.

삼성생명을 실질적으로 지배하는 주주는 제일모직이며 제일모직을 실질적으로 지배하는 주주는 이재용 부회장, 이부진 대표, 이서현 이사이다. 문제는 삼성물산이다. 삼성전자의 시가총액이 200조 원에 육박해 삼성전자 지분을 개인이 지배할 정도로 보유하는 것은 불가능하다. 삼성생명 외에 삼성전자 지분을 많이 갖고 있는 기업은 삼성화재(4.8%)와 삼성물산(4.1%)이다. 앞서 설명했듯이 삼성생명은 삼성화재를 지배하고 다시 제일모직이 삼성화재를 지배하니 삼성화재가 보유한 삼성전자 지분 4.8%는 자동으로 이재용 부회장 남매가 지배한다. 삼성물산의 지분은 삼성SDI가 7.4% 보유하고 있다. 여기서 이재용 남매의 고민이 시작되었을 것으로 추정할 수 있다.

과거 SK의 소버린 사태에서 잘 보았듯이 기관 투자가 몇몇이 연합하면 삼성전자의 지배권을 가져갈 수 있는 상황이다. 삼성전자를 지배하느냐 못 하느냐가 곧 삼성그룹을 지배하느냐 못 하느냐로 귀결된다. 이미 제일모직과 삼성생명을 통해 삼성전자 지배에 필요한 지분을 절반은 확보했지만 나머지를 확보하기 위해 이재용 남매는 삼성SDI를 선택할지, 삼성물산을 선택할지 고민했을 것이다.

제일모직은 삼성에버랜드와 합쳐 만들어진 기업이기 때문에 주목적 사업이 패션업과 레저업이다. 패션업과 레저업을 하는 기업이 삼성SDI의 지분을 취득할 수도 있을 것이다. 그러나 이미 삼성전자가 삼성SDI의 지분 19.6%를 취득하고 있다. 즉, 삼성전자보다 더 많은 삼성SDI의 주식을 취득해야 한다. 상장회사인 삼성SDI의 주식을 삼성전자가 보유한 지분보다 더 많이 취득하는 것은 상당히 많은 비용을 감내해야 하는 문제가 있다. 상장사인 삼성SDI의 지분 20% 이상을 추가로 취득하려면 그 과정에서 불 보듯 뻔하게 삼성SDI의 주가가 상승하고 주식 취득 자금을 마련하기도 힘들어지게 된다.

당시 시가총액 약 7조 원인 삼성SDI 주식을 취득하려면 취득 과정에서 삼성SDI의 시가총액이 10조 원 이상으로 상승할 수도 있을 것이다. 그러면 총 2조 원 이상의 자금을 투입해야만 삼성SDI의 지분 20%를 취득할 수 있을 것이다. 1994년부터 각종 여론의 뭇매를 받고 비난과 재판까지 받으면서 축적한 돈으로 삼성SDI 주식을 사는 어리석은 짓은 하지 않을 것이다. 게다가 삼성SDI 주식을 사기 위해서는 제일모직 지분을 매각해야 하는데 이것은 삼성전자 지분 취득 목적에서는 소탐대실이 될 위험성이 매우 크다.

그러므로 이재용 남매는 삼성물산으로 눈을 돌렸을 것이다. 삼성물산이 탐이 나서라기보다 삼성물산이 보유하고 있는 삼성전자 지분 4.1%를 갖고 싶었을 개연성이 클 것이다. 그러므로 삼성물산 지분을 취득하는 방법을 고민했을 것이다. 가장 쉬운 것은 삼성SDI가 보유한 삼성물산 지분 7.4%를 취득하는 것인데, 위에서 언급했듯이 이렇게 하기 위해서는 조 단위의 자금이 필요하다.

상속세가 아까워 편법을 써서 제일모직의 대주주가 되었는데 제값을 주고 삼성SDI가 보유한 삼성물산 지분을 취득하는 것은 자신의 이익을 극대화하는 합리적인 경제인의 사고로는 도저히 받아들일 수 없는 일이었을 것으로 추측한다. 게다가 삼성SDI가 보유한 삼성물산 지분 7.4%를 취득해도 이것으로 삼성물산을 지배할 수 없다. 최소 20% 이상은 취득해야 의미 있는 영향력을 행사할 수 있기 때문에 삼성SDI가 보유한 삼성물산 지분 취득은 이재용 남매가 쉽게 선택할 대안은 아니었을 것이다.

마지막으로 남은 것은 제일모직과 삼성물산의 합병이다. 만약 두 회사의 합병 비율이 1 대 1이라면 제일모직과 삼성물산의 합병으로 생긴 기업에 대한 이재용 남매의 지분도 동일하게 38.71%를 유지할 수 있을 것이다. 이렇게만 된다면 한 푼도 들이지 않고 삼성전자의 1대 주주로서 삼성그룹을 지배할 수 있을 것이다. 결국 2015년 9월 1일 자로 제일모직과 삼성물산이 합병했다. 합병 비율은 시가총액 기준 1 대 0.35로 제일모직 1주에 삼성물산 0.35주를 교부했다. 합병으로 생긴 회사는 삼성물산이라는 상호를 그대로 사용하면서 제일모직이라는 상호를 버렸다.

삼성물산과 제일모직 합병

　이재용 남매로서는 삼성물산의 가치는 낮고 제일모직의 가치는 높아야 그룹에 대한 자신들의 지배도가 높아질 것이다. 예를 들어 두 기업의 가치가 1 대 1이어야 합병 법인에 대해서도 38.71%의 지분을 그대로 유지할 수 있을 것이다. 만약 삼성물산의 가치가 제일모직보다 높다면, 삼성물산 대 제일모직의 합병 비율은 1 대 1보다 낮을 것이다. 즉, 이재용 남매가 합병 법인에 대해서 보유할 지분이 38.71% 보다 낮아진다는 의미이다. 반대로 제일모직의 가치가 삼성물산보다 높다면, 합병 법인에 대한 이재용 남매의 보유 지분은 38.71%보다 높아질 것이다. 독자가 이재용 남매라면, 그리고 사실상 삼성그룹을 지배한다면 어떤 일이 발생해야 부를 가장 극대화할 수 있겠는가? 바로 제일모직의 가치를 높이고 삼성물산의 가치를 낮추는 일이다. 어떻게 이런 일이 가능하겠는가?

　두 기업 모두 상장 기업이다. 두 상장 기업의 합병 비율을 산정하는 기준은 주가이다. 주가는 다수의 거래자를 통해 가격이 결정되기 때문에 가장 객관적인 가격 지표로 간주된다. 그리고 주가는 기업의 실적에 비례하는 것이 일반적이다. 먼저, 삼성물산의 주가를 보기 전에 삼성물산의 2012년부터 2015년 반기까지의 실적을 확인해보자.

　2012년부터 2014년까지 삼성물산의 외형은 꾸준하게 성장했다. 매출액은 약 17조 원에서 19조 원으로 성장했으며 같은 기간 영업이

<표 5-7> 삼성물산 실적 추이

(단위: 억 원)

	2012	2013	2014	2015.6
매출액	172,410	188,446	191,500	87,104
영업이익	4,139	2,657	5,275	428
비율(%)	2.4	1.4	2.8	0.5
수주 금액	169,892	293,346	292,414	273,714
총자본	114,666	108,781	132,243	133,959

자료: 삼성물산 사업보고서, 개별 재무제표 기준.

익은 4139억 원에서 5275억 원으로 증가했다. 영업이익률 역시 2013년
을 제외하고는 2.4%와 2.8%를 기록했다. 그러나 2015년 6월 말까지
매출액은 8조 7000억 원으로 2014년의 반도 안 되며 영업이익은 형
편없이 낮은 428억 원을 기록했다. 2015년 상반기 실적에 단순하게
두 배를 하더라도 영업이익이 1000억 원을 넘지 않았다. 2012년부터
2014년까지는 단 한 번도 그러한 일이 발생하지 않았다.

그럼 같은 기간 제일모직의 경영 성과는 어떠했는지 확인해보자.
2012년 매출액 2조 6000억 원에서 2014년 3조 3000억 원으로 성장
했으며 같은 기간 영업이익도 698억 원에서 926억 원으로 증가했다.
그리고 2015년 반기 실적은 매출액 1조 5000억 원과 영업 손실 237억
원을 기록했다. 삼성물산도 유사하게 2015년 상반기 실적이 안 좋았
고 제일모직도 2015년 상반기 실적이 안 좋았다. 이를 통해 본다면
2015년에 전반적으로 기업들의 성과가 안 좋았다고 할 수도 있을 것
이다.

〈표 5-8〉 제일모직 실적 추이

(단위: 억 원)

	2012	2013	2014	2015.6
매출액	26,995	30,184	33,126	15,478
영업이익	698	1,081	926	-237
비율(%)	2.6	3.6	2.8	-1.5
총자본	38,197	40,126	53,206	50,822

자료: 제일모직 사업보고서.

그러나 삼성물산과 제일모직의 실적을 동일하게 비교할 수는 없다. 제일모직은 2014년 12월에 상장했다. 상장이라는 것은 기업을 일반 투자자들에게 매각하는 것이다. 그러므로 상장하려는 구 주주들은 가능한 한 비싼 값에 매각하려고 할 것이다. 그러므로 실무적으로 상장 전에는 미래의 이익까지 끌어와서 실적을 좋게 만들려는 경향이 많다. 비용은 최대한 이연시키고 매출은 허용된 범위 내에서 최대한 인식해 이익이 가장 많아 보이도록 하려는 유인이 존재한다. 그러므로 2015년 상반기의 적자는 이러한 관행으로 발생했다고 추정할 수 있다.

그럼 합병 비율을 산정하는 데 가장 중요한 주가 추이를 살펴보자. 제일모직이 2014년 12월에 상장했고 제일모직과 삼성물산은 2015년 9월 1일에 합병했다. 그리고 합병 후 존속 법인이 제일모직이고 삼성물산은 소멸됐으며, 그 대신 제일모직이 사명을 삼성물산으로 변경했다. 즉, 합병 이후의 삼성물산은 합병 전의 삼성물산과 이름만 같지

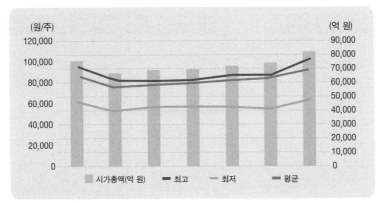

〈그림 5-7〉 삼성물산 주가 및 시가총액

자료: 삼성물산 사업보고서, 2014~2015.

전혀 다른 법인체가 된 것이다.

그러한 이유로 합병 전 삼성물산의 과거 주가를 주식시장에서 찾아보기 어려워 합병 전 삼성물산이 제공한 월별 주가 최고치와 최저치, 그리고 평균치로 삼성물산의 시가총액을 계산해보았다. 제일모직 역시 같은 방법으로 2014년 12월부터 2015년 6월까지 계산했다.

〈그림 5-7〉에서 삼성물산 주가와 시가총액을 보면 2014년 12월 평균 주가는 약 6만 5000원에서 2015년 6월 7만 원으로 상승했다. 그 기간의 주가는 최저치가 약 5만 6000원이었으며 최고치가 약 7만 6000원이었다. 시가총액은 2014년 12월부터 2015년 6월까지 최저치가 약 8조 5000억 원이며 최고치가 약 11조 원이다.

이제 〈그림 5-8〉에서 제일모직의 주가와 시가총액을 살펴보자.

<figure>

〈그림 5-8〉 제일모직 주가 및 시가총액

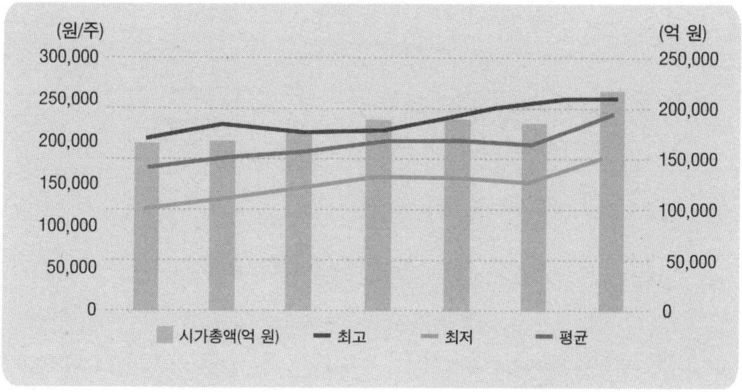

(원/주) / (억 원)

시가총액(억 원) — 최고 — 최저 — 평균

</figure>

자료: 제일모직 사업보고서, 2014~2015.

2014년 12월 연평균 주가는 약 13만 7000원에서 2015년 6월 18만 원으로 상승했다.

같은 기간 시가총액은 약 17조 원에서 24조 원으로 증가했다. 과연 제일모직의 주가 상승이 타당한가? 주가 부분은 주가가 인위적으로 올랐다고 명확히 증명하기 어렵다. 우연히 투자자들이 더 많이 제일모직 주식을 매입하고 반대로 삼성물산 주식을 매도해서 이루어진 결과라고 할 수 있다. 그러나 제일모직 상장 이후 시장에서는 삼성물산과 제일모직의 합병에 대한 소문이 공공연히 돌고 있었다. 당연히 그러한 소문에서 합리적인 투자자라면 지배주주의 부를 극대화하는 방향으로 투자할 것이다. 즉, 개인 투자자든 기관투자가든 지배주주와 최대한 같은 배를 타려고 했을 것이다. 그러므로 제일모직의 주가

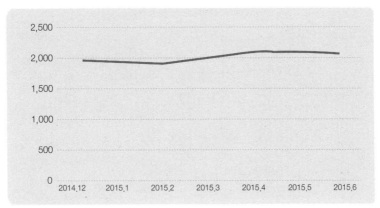
〈그림 5-9〉 KOSPI 지수 추이

2,500

2,000

1,500

1,000

500

0
2014.12   2015.1   2015.2   2015.3   2015.4   2015.5   2015.6

자료: Google finance.

는 실적에 관계없이 오르고 삼성물산의 주가 역시 실적에는 큰 영향
을 받지 않고 하락했을 것이다. 결과적으로 시장의 소문은 맞았고
2015년 5월 26일 두 기업을 합병한다는 발표가 있었다. 그러자 합병
에 반대하는 외국계 자본 엘리엇이 2015년 6월 9일 합병 금지 가처분
소송을 제기했고 삼성물산 주가가 상승하게 되었다.

    같은 기간 KOSPI 추이를 본다면 삼성물산의 주가 하락이 자연스
럽다고 하기 어려운 측면이 있다. KOSPI라는 것은 유가증권 시장 전
체의 주식 시황을 나타내는 지수다. 〈그림 5-9〉를 보면, 2014년 12월
약 1950에서 2015년 6월까지 2050으로 5% 이상 상승했다. 오히려
KOSPI지수가 하락하는 6월에 삼성물산 주가는 상승했다. 이는 엘리
엇이 삼성물산과 제일모직의 합병에 반대하면서 경영권 분쟁이 날

〈그림 5-10〉 삼성그룹 지배 구조도

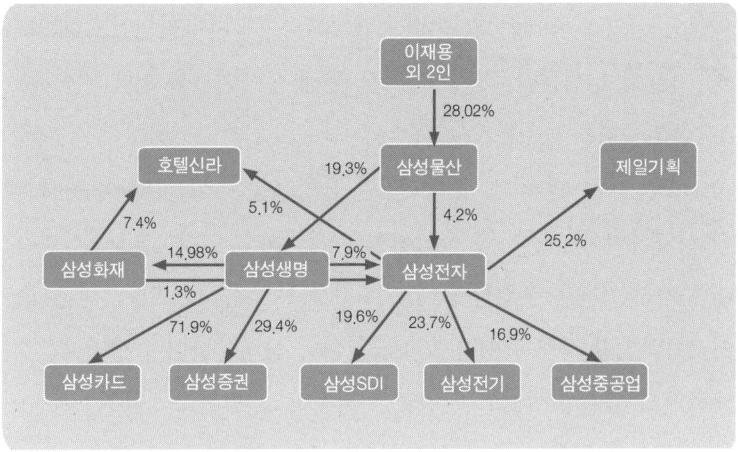

자료: 각 사 사업보고서, 2017년 3월 말 기준.

것이라고 예상되면서 삼성물산 주가가 상승한 것으로 주장할 수 있다. 만약 엘리엇이 없었다면 삼성물산 주가는 지속적으로 하락하는 현상이 유지되었을 가능성이 상승했을 가능성보다 컸을 것이다.

과연 인위적인 결과로 삼성물산의 주가가 하락하고 제일모직의 주가가 상승했는지는 경영권 승계 계획을 디자인하고 실행한 사람과 그 혜택을 본 이재용, 이서현, 이부진만이 알 것이다. 제3자가 합병 비율의 적정성에 대해 잘못됐다고 주장하고 이를 증명하기는 불가능에 가까울 것이다. 다만, 합병하기 위해서는 양사의 주주가 찬성해야 하는데, 많은 주주가 반대했는데도 국민연금이 찬성했다. 그 과정에서 절차상의 문제가 있었는지, 왜 찬성했는지는 여전히 쟁점으로 남아 있다. 아직도 이 일이 논쟁거리가 되고 있지만 1994년부터 시작된 삼성의 경영권 승계는 21년이 지난 2015년에 마무리되었고 제일모직, 지금의 삼성물산이라는 기업을 통해 삼성전자를 지배하는 새로운 지배 구조를 완성한 것이다.

〈그림 5-10〉의 지배 구조도처럼 삼성그룹은 삼성물산을 통해 핵심 계열사인 삼성전자와 삼성생명을 지배하고 있다. 삼성물산의 최대 주주는 이재용 부회장 남매로 28.02%를 소유하고 있다. 삼성그룹의 2016년 말 자산 총액은 363조 원이며 삼성물산이 삼성전자를 지배하면서 사실상 삼성그룹 전체를 지배하고 있다. 그 지배의 정점에는 이재용 부회장 남매가 존재한다.

투자 기회 가로채기의 문제점

지금까지 우리는 대표적인 재벌인 SK그룹과 삼성그룹의 지배주주가 어떤 과정을 거쳐 그룹 전체를 지배하게 되었는지 살펴보았다. SK 최태원 회장이 주당 400원에 매입한 SK C&C 주식은 15년이 흐른 후 주당 150만 원짜리가 됐다. 최태원 회장은 15년 동안 누적 수익률 3만 7500%, 연평균 수익률 70%를 달성해 현재는 자산 4조 원 이상의 거부가 되었다. 그 과정에서 SK그룹의 계열사들은 스스로 투자 이익을 포기했고 일감을 SK C&C에 몰아주어 최태원 회장이 4조 원 이상의 부를 쌓도록 도와주었다는 의혹이 있다.

이재용 부회장은 아버지가 증여한 약 61억 원의 종잣돈으로 삼성엔지니어링, 에스원, 제일기획, 에버랜드에 투자해 자산을 형성했고 마지막으로 제일모직과 삼성물산의 합병을 통해 현재 자산 7조 원 이상의 거부가 되었다. 이서현 대표, 이부진 이사 역시 에버랜드에 투자하고 마지막으로 제일모직과 삼성물산의 합병을 통해 자산이 각각 약 2조 원인 거부가 되었다. 그 과정에서 삼성그룹 계열사들은 신주 인수 권리를 포기해 그 투자 기회를 이재용 부회장 남매에게 몰아주었다는 의혹이 있다.

재벌은 지배주주로서 자신이 통제할 수 있는 기업들의 투자 기회를 가로채면서 모든 주주들의 몫으로 돌아가야 할 투자 이익을 챙길 수 있다. 지배주주들의 이러한 행동은 크게 세 가지 문제를 야기한다.

첫 번째는 기업 가치 훼손이다. 지배주주는 유리한 투자는 기업 대신 자신이 하면서 자신의 그룹에서 통제하는 기업의 가치를 훼손할 수 있다. 이재용 부회장이 지난 20여 년간 61억 원의 자금으로 불려온 자산 7조 원과 두 자매의 자산 4조 원을 합한 11조 원은 삼성의 계열사에 골고루 나누어주어야 한다. 즉, 지배 주주 일가는 지난 20여 년간 삼성엔지니어링, 에스원, 제일모직, 제일기획, 삼성물산의 주주들이 가져가야 할 누적 금액 11조 원을 가로챘다는 의혹에서 자유로울 수 없다. 즉, 11조 원만큼 이들 기업의 가치가 훼손되었다고 볼 수 있다.

반대로 기업에 불리한 투자, 혹은 불확실한 투자는 지배주주가 자신들의 자금을 투입하기보다 적극적으로 회삿돈을 투입하는 경향이 있다. 수익이 불확실한 투자는 회삿돈으로, 수익이 확실한 투자는 지배주주 자신의 돈으로 할 수 있다. 자신의 지분 가치가 훼손되더라도 전체적으로 자신의 부가 증가한다면 적극적으로 자신의 부를 증가시키는 의사 결정을 할 수 있다.

오늘날 삼성전자가 글로벌 기업으로 성장한 첫 번째 이유는 이건희 회장을 비롯한 삼성전자 임직원 모두의 커다란 노고가 있었기 때문이라고 생각한다. 두 번째는 삼성그룹에서 삼성전자를 이재용 부회장 남매의 자산을 불려주기 위한 수단으로 삼지 않았기 때문이라고도 말할 수 있다. 삼성그룹에서 경영권 승계 작업을 통해서 이재용 부회장과 그의 자매들에게 부를 몰아줄 때 삼성전자는 상장 기업이라서 상대적으로 경영권 승세 작업이 되는 기업에서 빠졌다. 이러한 연유로 삼성전자는 거침없이 성장했을 수도 있다.

에버랜드가 삼성그룹 자금 승계의 핵심 기업이 아니었다면 에버랜드는 오늘날 디즈니 같은 기업이 되었을 수도 있을 것이다. 이 모든 손해는 고스란히 기타 주주들이 부담한다. 그리고 성장과 기업 가치를 극대화해야 하는 주요 임원과 직원들은 근무 시간에 기업 가치 극대화가 아니라 지배주주 가치 극대화를 위해서 열정을 쏟았기 때문에 기업이 성장할 수 있는 만큼 성장하지 못했다고 추측할 수도 있다.

두 번째는 경영권의 편법 승계로 국가의 세수입이 감소한 것이다.

〈그림 5-11〉 상속세로 인한 지분 변동

최태원 회장과 이재용 부회장이 SK그룹과 삼성그룹의 투자 기회를 가로챈 것이 당시에는 불법이 아니었을 것이다. 그러나 도덕적으로 옳은 일이라고 할 수도 없는 것은 분명하다. 불법은 아니지만 도덕적 관점에서는 충분히 비난받을 일이다. 이처럼 불법과 합법의 경계선인 편법으로 내야 할 상속세보다 더 적게 냈다는 의혹이 있다. 이건희 회장의 자산이 이재용 부회장에게 그대로 상속되면 이건희 회장의 자산 중 약 50%에 해당하는 돈을 상속세로 내야 할 것이다. 그런 측면에서 보면 국가의 세수입이 줄어들 것이다. 수조 원의 재산을 물려받는데 세금을 단지 16억 원을 냈으니 조세 정의가 땅에 떨어져서 성실하게 세금을 납부하는 국민이 느끼는 허탈감은 말로 표현하기 어려울 것이다.

마지막으로 사회의 수직 이동이 제한된다. 보통 창업 1세대가 막대한 부를 축적하고 그 부가 다음 세대에 이전될 때는 상속세를 내므로 그 부가 고스란히 이전되지는 않는다. 상속세라는 것은 이중과세라는 문제의 소지가 있지만 사회정의를 위해 도입된 측면이 있다. 상속은 불로소득이며 전 재산이 온전히 상속될 경우 자본으로 인한 계급이 고착화되어 건전한 사회가 될 수 없다. 〈그림 5-11〉의 예시를 보면서 상속세의 건전한 효과에 대해서 설명하겠다.

〈그림 5-11〉처럼 1세대가 노력해 A기업을 창업했다. 창업 1세대는 자신의 기업을 자녀에게 물려준다. 자녀는 물려받은 100% 지분 가치의 50%에 해당하는 금액을 상속세로 내야 한다. 그 많은 상속세를 낼 수 없기 때문에 자연스럽게 자신이 물려받은 지분 50%를 매각해 상속세를 내게 된다. 그러면 2세대가 보유하는 A기업 지분은 50%뿐이다. 2세대가 3세대에게 자신이 보유하고 있는 지분을 물려준다. 이 과정에서 3세대는 2세대처럼 상속세 50%를 내려면 자신이 물려받은 지분 50% 중의 절반인 25%를 매각해 상속세를 낸다. 그러면 3세대는 A기업 지분을 25%만 보유하게 된다. 마지막으로 3세대는 자신의 자녀에게 자신이 보유한 지분 전부를 물려주게 되고 4세대도 상속세를 내기 위해 상속받은 지분 50%를 매각해 상속세를 낸다. 그러면 세 번의 상속으로 A기업 창업주의 지분 100%는 12.5%로 감소한다. 자연스럽게 기업이 성장하고 이를 상속하는 과정에서 지배주주는 사라지게 되고 전문 경영인이 경영하게 된다.

그러나 투자 기회를 가로채고 일감을 지배주주가 원하는 곳에 몰아주면 사회가 건전하게 돌아가는 고리가 끊긴다. 상속세를 미리 마련하기 위해 일감 몰아주기와 투자 기회 가로채기로 기존 기업의 부를 지배주주가 가로챘다. 그 피해는 고스란히 기타 주주와 우리 사회 전체가 보게 된다. 이러한 관행이 지속되면서 사회 내의 계층 구조가 고착화되고 점점 개천에서 용이 날 기회가 없어진다. 이는 결코 건전한 사회라고 할 수 없다. 우리가 살고 있는 지금의 사회 체제는 경제적으로 자본주의를 표방한다. 자신이 노력만 한다면 충분한 부를 쌓을 수 있는 것이 자본주의의 장점이다. 기업의 투자 기회를 가로채고 일감을 몰아주고 과도한 급여를 받는 것은 극단적으로 표현하면 우리가 살고 있는 이 사회 체제를 부정하는 것이라고도 할 수 있을 것이다.

건전한 사회가 되기 위해서는 누구에게나 기회가 공평하게 돌아가야 하고 결과도 받아들일 수 있어야 한다. 그러나 지배주주로 인해 우리 사회의 기회도 공평하게 돌아가지 않고 결과도 받아들이기 어려운 일들이 벌어지고 있다. 더 큰 문제는 이런 문제가 있음을 사회 구성원 대부분이 알고 있는데도 이를 제지할 마땅한 방법이 없는 것이다. 정말 우리 사회에는 이를 제지할 방법이 없을까? 분명 이를 해결할 수 있는 방법이 있을 것이다. 6장에서 그 방법에 대해 논해보겠다.

06 해결 방안

지금까지 우리는 재벌의 역사, 재벌(지배주주)과 기타 주주, 재벌(지배주주)과 채권자의 대리인 문제가 발생하는 원인, 전문 경영인 체제의 장단점, 지배주주 경영인의 장단점을 알아보았다. 그리고 우리나라에서 기업 활동을 하는 지배주주들이 어떠한 방식으로 기업과 기타 주주의 부를 자신에게로 이전시키는지, 어떻게 일감 몰아주기를 하는지, 어떤 형태로 과도한 급여를 수령하는지, 어떤 방법으로 투자 기회를 가로채는지 그 구체적인 방법, 사례, 이에 따라 기타 주주가 부담해야 하는 손해, 나아가 우리 사회가 감당해야 할 비용에 대해 알아보았다. 6장에서는 지배주주 때문에 발생하는 여러 문제와 부작용을 해결하거나 최소화하려는 현행 제도에 대해서 알아보자. 그리고 각 제도의 한계를 살피고 근본적으로 해결할 수 있는 방법을 모색해보겠다.

현행 제도

지배주주로 인해서 발생하는 폐해들은 사회 구성원 대부분이 인식하고 있다. 그러므로 당연히 정부와 감독 기관에서도 이를 법 제도 안에서 해결하기 위해 여러 장치를 마련해두고 있다. 어떠한 제도들이 어떻게 운영되는지, 또 그 제도들의 한계는 무엇인지 살펴보겠다.

일감 몰아주기 증여 의제

지배주주로 인해서 발생하는 문제는 크게 세 가지로 구분했다. 일감 몰아주기, 과도한 급여, 기업의 투자 기회 가로채기였다. 그러나 보통 일감 몰아주기와 기업의 투자 기회 가로채기는 그 경계가 불분명하다. 그러므로 일감 몰아주기와 동시에 기업의 투자 기회 가로채기도 일어난다. 현대글로비스나 이노션의 사례에서 보았듯이 기존의 현대차그룹 계열사들이 출자해 현대글로비스나 이노션을 설립하면 된다. 그러나 현대차그룹 계열사들은 스스로 이러한 투자 기회를 버리고 일감까지 현대글로비스와 이노션으로 몰아주었다.

〈그림 6-1〉 증여세 과세 구조

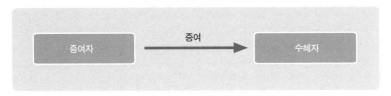

SK C&C 사례도 SK그룹의 계열사들이 스스로 투자 기회를 버리고 SK C&C 주식을 최태원 회장에게 저가에 매각했고 이후에 지속적으로 일감을 SK C&C에 몰아주면서 SK C&C가 성장했고 SK C&C 지분을 갖고 있는 최태원 회장의 자산도 같이 증가했다. 이러한 문제들이 점점 사회적으로 이슈가 되면서 2011년 12월 31일 상속 증여세법 45조의 3이 신설되었다.

의제라는 것은 어떤 일을 직접 하지는 않았지만 그 일을 했다고 간주하는 것이다. 증여 의제라는 것은 누군가에게 직접 증여하지는 않았지만 사전에 정한 조건에 합치되면 증여한 것으로 간주하는 것이다. 증여 의제를 계산하기 위해서는 크게 증여자와 증여받는 자가 나뉘어야 한다. 〈그림 6-1〉처럼 증여세 과세 요건이 성립하기 위해서는 증여자가 누군가(수혜자)에게 돈을 주어야 한다. 증여세율은 상속세율과 동일해 30억 원 이상이면 증여한 금액의 50%를 세금으로 부과한다.

증여 의제는 일감 몰아주기를 한 법인(증여자)과 일감 몰아주기로 이익을 얻은 법인(수혜자)을 각각 증여자와 수혜자로 보고 증여세를 부과한다. 여기서는 구체적으로 증여 의제 이익을 계산하고 세부적으로

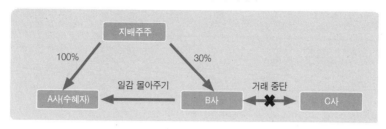

〈그림 6-2〉　자회사의 증여 의제 구조도

세금이 얼마인지를 계산하는 것보다 증여 의제 제도의 개괄적인 내용을 소개하고자 한다.

　〈그림 6-2〉를 보면 지배주주에게는 자신이 지분 100%를 보유한 개인회사 A가 있고 자신이 지분 30%를 보유한 상장 기업 B가 있다. 상장 기업 B는 기존에 제3자인 C기업의 정보 통신 서비스를 받고 있었다. 그러나 지배주주는 B사에 C기업과의 거래를 중단하고 자신이 설립한 IT 회사인 A기업과 정보 통신 거래를 하라고 지시한다. B사의 경영진은 C사가 서비스도 좋고 가격 경쟁력도 있어 계속 C사와 거래하고 싶지만 지배주주인 회장님의 지시를 거스를 수 없어 A기업과 IT 서비스 계약을 했다. 매년 일감 몰아주기로 1000억 원의 공급 계약을 A사와 B사가 맺었다고 가정하자. 이 1000억 원의 거래로 A사는 100억 원의 영업이익을 보고 그 이익 중 20%를 세금으로 납부한다면 A사는 1000억 원의 일감 몰아주기를 통해서 매년 80억 원의 세후 영업이익을 얻게 된다.

　이 경우 세후 발생하는 영업이익 80억 원을 B사가 A사에 증여했

<표 6-1> 상속·증여세율

상속·증여 금액	세율
1억 원 이하	10%
5억 원 이하	20%
10억 원 이하	30%
30억 원 이하	40%
30억 원 초과	50%

자료: 세법.

다고 간주한다. 이것이 바로 증여 의제이다. 그럼 A기업이 매년 80억 원을 B기업으로부터 받았다고 간주할 경우 실제 이득을 얻은 사람은 누구인가? 1차적으로 80억 원의 이익이 생겼으니 A기업의 가치는 80억 원만큼 증가했을 것이다. 그리고 그 증가된 A기업의 가치는 A기업의 지분 100%를 소유한 지배주주의 몫이 될 것이다. 그러므로 최종 수혜자는 바로 A기업의 지분 100%를 보유한 지배주주이다. 이 경우 신설된 상속 증여세법의 증여 의제 조항이 적용되어 지배주주가 80억 원을 B기업에서 증여받았다고 간주해 지배주주는 80억 원에 대한 증여세를 납부해야 한다.

　〈표 6-1〉은 상속·증여세법의 과세표준에 따른 세율이다. 상속세법과 '증여세법'의 과세표준 구간과 세율은 동일하다. 80억 원을 증여 의제 받은 지배주주는 기타 공제 등이 없다고 가정하면 35억 4000만 원의 증여세를 납부해야 한다. 매년 이러한 일감 몰아주기로 80억 원의 세후 영업이익을 지배주주가 100% 보유한 A기업이 얻는다면 지

배주주는 매년 35억 4000만 원의 증여세를 납부해야 한다.

위의 거래만을 본다면 일감 몰아주기가 줄어들 것으로 예상할 수 있다. 매년 증여세를 납부해야 하는 지배주주로서는 일감 몰아주기가 부담스러울 수 있지만 100% 경제적 관점에서만 보자면 증여세를 납부해도 지배주주는 44억 6000만 원이 이득이다. 증여세를 납부할 재원이 없다면 A기업이 얻은 세후 영업이익 80억 원을 재원으로 매년 80억 원의 배당을 지배주주에게 한다면 14%의 배당 소득세를 내고 지배주주가 부를 가져갈 수 있다. 즉, 80억 원 중에 11억 2000만 원을 배당 소득세로 내고 나머지 68억 8000만 원을 배당으로 수령할 수 있다. 그리고 68억 8000만 원의 재원으로 증여세 35억 4000만 원을 납부한다면 지배주주는 33억 4000만 원이 이득이다. 그리고 이러한 거래가 앞으로도 지속적으로 발생한다고 가정해보자. 지배주주의 가치 평가 시 할인율 10%를 적용하면 지배주주는 총 334억 원의 가치 증가를 일감 몰아주기를 통해 얻을 수 있다. 그러므로 증여 의제를 하더라도 완벽하게 일감 몰아주기를 제한할 수는 없다.

게다가 〈그림 6-3〉을 보면 실제로 지배주주가 부담하는 증여세는 더욱 줄어들어서 증여 의제의 효과는 줄어들 수 있다. 앞서 살펴본 사례처럼 동일한 거래를 하지만 달라진 점은 A기업과 B기업이 상장사이다. 지배주주는 A기업의 지분 40%만을 보유하고 있다. 그리고 A기업은 비상장사인 D기업의 지분 50%를 보유하고 있다. 동일하게 C사가 B사에 IT 서비스를 제공했으나 지배주주의 지시로 A는 D사를 설

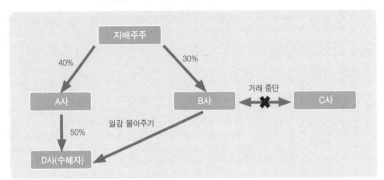

〈그림 6-3〉 손자 회사의 증여 의제 구조도

립하고 B사는 D사에 매년 1000억 원의 일감을 몰아준다. 이 거래를 통해 D사가 얻은 이익은 앞서 살펴본 사례와 동일하게 100억 원이며 이에 대한 세금을 낸 후의 이익도 동일하게 80억 원이라고 가정하자. 이 경우 B사가 매년 D사에 80억 원을 증여한 증여 의제가 된다. 그러면 이 증여 의제의 최종 수혜자는 누구일까? 1차적으로는 D사이며, 2차적으로는 A사, 마지막으로는 지배주주이다. 그러므로 지배주주에게 증여세가 부과된다. 그러면 지배주주는 세금을 얼마나 낼까?

지배주주는 D사를 직접 보유하지 않고 간접 보유한다. 그러므로 지배주주가 D사를 보유한 간접 지분은 40%(A사 보유 지분)×50%(A사의 D사 보유 지분)로 총 20%이므로 지배주주가 얻는 이익은 80억 원이 아니라 80억 원×20%인 16억 원이 된다. 16억 원에 대한 증여세는 4억 8000만 원이다. 실질적으로 지배주주가 얻는 이익은 11억 2000만 원이 된다. 그러므로 지배주주의 일감 몰아주기는 경제적인 관점에서 지속될 수 있다. 그러나 이러한 일감 몰아주기도 각종 예외 사항이 있다. 위의 거래에서 지배주주가 통제하는 기업들이 공정거래법상 지주회사에 속하면 증여 의제는 예외 사항이다. 그러므로 지주회사 체제에 있는 지배주주는 여전히 이 거래에서 이익을 취할 수 있다. 결과적으로 증여 의제라는 세법상의 제도적 장치가 있으나 이를 통해 일감 몰아주기를 100% 근절할 수는 없다.

공정거래법

'독점규제 및 공정거래에 관한 법률' 제23조의 2와 제38조 및 시행령 제3항 및 제4항에 따라 일감 몰아주기 및 투자 기회 가로채기를 방지하고 제재할 수 있다. 이 규제들은 2014년에 제정되어 2014년부터 발생한 신규 거래 적용되고 2015년 2월 14일부터는 기존 거래에도 적용됐다.

먼저, 독점 규제 및 공정거래에 관한 법률 제23조의 2에 대해 알아보자.

제23조의2(특수관계인에 대한 부당한 이익제공 등 금지) ① 공시대상
기업집단(동일인이 자연인인 기업집단으로 한정한다)에 속하는 회사
는 특수관계인(동일인 및 그 친족에 한정한다. 이하 이 조에서 같다)이
나 특수관계인이 대통령령으로 정하는 비율 이상의 주식을 보유한 계

열회사와 다음 각 호의 어느 하나에 해당하는 행위를 통하여 특수관계인에게 부당한 이익을 귀속시키는 행위를 하여서는 아니 된다. 이 경우 각 호에 해당하는 행위의 유형 또는 기준은 대통령령으로 정한다.

1. 정상적인 거래에서 적용되거나 적용될 것으로 판단되는 조건보다 상당히 유리한 조건으로 거래하는 행위

2. 회사가 직접 또는 자신이 지배하고 있는 회사를 통하여 수행할 경우 회사에 상당한 이익이 될 사업기회를 제공하는 행위

3. 특수관계인과 현금, 그 밖의 금융상품을 상당히 유리한 조건으로 거래하는 행위

4. 사업능력, 재무상태, 신용도, 기술력, 품질, 가격 또는 거래조건 등에 내한 합리적인 고려나 다른 사업자와의 비교 없이 상당한 규모로 거래하는 행위

② 기업의 효율성 증대, 보안성, 긴급성 등 거래의 목적을 달성하기 위하여 불가피한 경우로서 대통령령으로 정하는 거래는 제1항제4호를 적용하지 아니한다.

③ 제1항에 따른 거래 또는 사업기회 제공의 상대방은 제1항 각 호의 어느 하나에 해당할 우려가 있음에도 불구하고 해당 거래를 하거나 사업기회를 제공받는 행위를 하여서는 아니 된다.

④ 특수관계인은 누구에게든지 제1항 또는 제3항에 해당하는 행위를 하도록 지시하거나 해당 행위에 관여하여서는 아니 된다.

이 법의 내용을 쉽게 이해하자면 지배주주는 자신 혹은 자신의 친척에게 제3자와의 거래에서 발생하는 것보다 더 유리한 조건으로 일감 몰아주기를 하지 못한다. 그리고 상당히 유리하지는 않더라도 상당한 이익이 발생할 것 같으면 계열 회사들은 지배주주 및 그 친척에게 일감 몰아주기를 하지 않아야 한다. 그리고 그러한 모든 계약은 수의계약(입찰할 경우 입찰 회사가 1개 회사인 경우)으로 하면 안 되며 다른 업체와의 비교를 통해 일감을 몰아주어야 한다.

기본적으로 지배주주에게 일감을 몰아주면 안 되며 어쩔 수 없이 일감을 몰아주더라도 제3자와의 거래처럼 공정한 거래가 될 수 있도록 충분한 경쟁을 통해야 한다는 의미이다. 그러나 보안 등의 이유로 다른 업체와 경쟁을 할 수 없는 상황에서는 수의계약도 허용하는 의미가 있다. 그리고 일감을 몰아주는 회사 역시 이러한 거래를 하면 안 된다고 규정하고 있다. 즉, 일감 몰아주기를 하지도 받지도 말라는 것이다.

실제로는 이런 규제가 상호 출자 제한 기업집단에만 효력이 발생해 중견 기업이나 중소기업은 제한을 받지 않는다. 이를 어기고 일감을 몰아주면 그 결과로 발생한 매출액의 5% 이내에서 과징금을 부과한다. 혹은 3년 이하의 징역이나 2억 원 이하의 벌금에 처한다. 실제 본 규정을 적용해 규제받는 기업이 여럿 있었지만 이러한 제재에도 일감 몰아주기를 완전히 없애는 해결책은 될 수 없다. 위 조항은 자산 총액 10조 원 이상의 기업에만 적용되며 실제 이득에 비해 과징금의

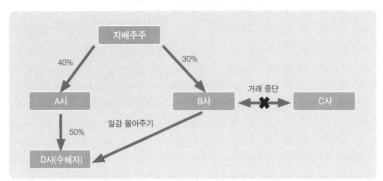

〈그림 6-4〉 일감 몰아주기 구조도

규모가 작기 때문에 일감 몰아주기나 기업의 투자 기회 가로채기를 근본적으로 근절할 수는 없다.

앞서 살펴본 사례를 그대로 가져오면 〈그림 6-5〉의 지배주주가 지배하는 그룹이 지주회사이면서 상호 출자 제한 기업집단(자산 총액 기준 10조 원 이상, 2017년 기준 31개 사)에 속하지 않는다면 〈그림 6-5〉의 구조처럼 일감 몰아주기를 해도 규제 대상이라고 보기 어렵다. 그러므로 지배주주는 증여 의제도 안 되고 제재도 받지 않을 가능성이 높다.

만약 〈그림 6-5〉의 지분 구조에서 A사와 B사를 합해서 자산 총액이 10조 원 미만이며 지배주주가 지주회사라고 가정하자. 그리고 A사와 B사 모두 상장 기업이며 B사가 A사에 약 1조 원의 일감을 몰아주었다고 하자. A사와 B사가 공정한 거래를 하고 A사는 이 거래를 통해서 매년 2000억 원의 이익을 창출한다고 가정하자. 이 경우 공정거래법 23조의 규제 대상은 아니지만 다른 여러 가지 법제도로 결

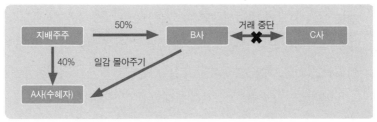

국 규제를 받았다고 하자. 이 규제에서 A사가 받을 수 있는 과징금의 최대 금액은 1조 원의 5%인 500억 원이다. A사는 이러한 거래를 통해서 2000억 원의 이익을 얻었고 과징금을 500억 원, 그것도 최대일 때라야 500억 원을 낸다면 경제적 관점에서 A사는 1500억 원 이득이다.

과징금은 A사로서는 매우 아까운 돈이지만 그간 벌어들인 이익에 비하면 적은 액수이다. 게다가 그 과징금은 지배주주가 내는 것도 아니고 A사가 지불하기 때문에 지배주주는 그냥 과징금을 내게 하면 된다. 그리고 이에 따라 벌금 2억 원을 추가로 받을 수 있다. 최악의 경우 A사 혹은 B사의 대표이사는 징역 3년을 선고받을 수도 있다. A사와 B사의 대표이사는 이 거래를 절대로 지배주주인 회장님이 시켰다고 하지 않을 테니까 말이다. 그럼 징역 3년을 B사의 대표이사가 살았다 할지라도 출소 후에는 회장님 대신 감옥에 간 충신으로 대접받아 오히려 그룹 내에서 승승장구할 가능성이 높다. 마치 보스를 위해 희생하고 별 하나를 달면서 충성심을 인정받아 승승장구하는 조폭처럼 말이다.

실제 이런 처벌이 내려진다면 이 그룹사는 최고로 유능한 로펌을 쓰면서 이 거래는 보안상 필요 때문에 어쩔 수 없이 해야 하는 거래라고 어필할 것이다. 혹은 경제적 효율성을 위해 꼭 필요한 거래라고 어필할 것이다. 그 과정에서 이 거래에 대한 공정거래위원회의 판단은 잘못된 것으로 되거나 과징금 액수를 대폭 줄이게 될 것이다. 그러므로 독점 규제 및 공정거래에 관한 법률도 완벽하게 일감 몰아주기와 지배주주의 투자 기회 가로채기, 과도한 급여 수령을 막지 못한다. 더구나 이 법에서 규제 대상은 자산 총액 10조 원 이상의 대기업 집단이다. 이미 살펴본 것처럼 일감 몰아주기, 투자 기회 가로채기, 과도한 급여 수령은 기업의 규모 때문이 아니라 지배주주가 있기 때문에 발생하는 문제이다. 그러므로 위의 규제 대상에 해당하지 않는 기업들에서는 여전히 지배주주가 기타 주주의 부를 계속 훔쳐가는 상황이 발생할 수 있다.

주주 제안 제도

주주 제안 제도의 법적 근거는 상법 363조의 2에 있다.

제363조의2(주주제안권) ① 의결권 없는 주식을 제외한 발행주식 총수의 100분의 3 이상에 해당하는 주식을 가진 주주는 이사에게 주주

총회일(정기주주총회의 경우 직전 연도의 정기주주총회일에 해당하는 그 해의 해당일. 이하 이 조에서 같다)의 6주 전에 서면 또는 전자문서로 일정한 사항을 주주총회의 목적사항으로 할 것을 제안(이하 '주주제안')할 수 있다.

② 제1항의 주주는 이사에게 주주총회일의 6주 전에 서면 또는 전자문서로 회의의 목적으로 할 사항에 추가해 당해 주주가 제출하는 의안의 요령을 제363조에서 정하는 통지에 기재할 것을 청구할 수 있다.

③ 이사는 제1항에 의한 주주제안이 있는 경우에는 이를 이사회에 보고하고, 이사회는 주주제안의 내용이 법령 또는 정관을 위반하는 경우와 그 밖에 대통령령으로 정하는 경우를 제외하고는 이를 주주총회의 목적사항으로 해야 한다. 이 경우 주주제안을 한 자의 청구가 있는 때에는 주주총회에서 당해 의안을 설명할 기회를 주어야 한다.

이 '상법' 조항이 복잡해 보이지만 전체 주식의 3% 이상을 보유한 주주는 주주총회에서 자신이 안건을 제안해 주주들의 표결에 부칠 수 있다는 의미이다. 단, 상장사의 경우 6개월 이상 발행 주식 총수의 1%(자본금 1000억 원 이상일 경우 0.5%) 이상을 보유한 주주로 규정한다. 이 법이 일반인을 위해서 제정된 법이라고 볼 수는 없다. 왜냐하면 일반인, 즉 개미 투자자가 자신이 투자한 기업의 지분을 1% 이상 보유하기는 거의 불가능하기 때문이다.

삼성전자의 예를 보면 2017년 현재 삼성전자의 시가총액은 354조 원이다. 당연히 삼성전자는 자본금이 1000억 원이 넘으니 0.5%의 지분을 보유한 주주는 주주 제안을 할 수 있다. 삼성전자 주식의 0.5%면 약 1조 7000억 원이다. 현대자동차의 시가총액이 약 40조 원이다. 지분 0.5%에 해당하는 금액은 2000억 원이다. 그러므로 일반적으로 주주 제안은 개인 투자자를 위한 것이 아니라 기관투자가를 위한 것이라고 볼 수 있다. 설사 기관투자가가 일감 몰아주기, 과도한 급여 수령, 투자 기회 가로채기에 대해서 문제가 있다고 느껴서 이러한 거래를 변경하자고 제안할 경우 실제 주주총회에서 이 안건이 통과될지는 별개의 문제다.

이 조항의 가장 큰 문제는 별다른 이유 없이 회사가 주주 제안을 거부하더라도 이를 제재할 방법이 없어 실효성이 낮다는 점이다. 그러므로 주주 제안이라는 좋은 제도도 지배주주가 가장 많은 지분을 보유하고 있는 상황에서는 실효성이 낮다. 주주 제안 제도를 통해 지배주주 때문에 발생하는 폐해를 방지하기는 어렵다.

주주 대표 소송

상법 제403조는 발행 주식 총수의 100분의 1 이상을 가진 소수 주주가 회사에 대해 이사의 책임을 추궁할 소송을 제기하도록 청구할 수 있도록 규정하고 있다. 쉽게 설명하면 지분 1%를 갖고 있는 주주가 현대차의 정몽구 회장을 상대로 과도한 급여 수령, 현대글로비스로의 일감 몰아주기, 이노선에 현대자동차가 직접 투자하지 않은 이유를 근거로 현대자동차에 정몽구 회장을 상대로 소송을 제기하라고 요구할 수 있다는 것이다.

이 경우 현대차의 감사나 감사위원회가 회사를 대표해 정몽구 회장에게 소송을 제기한다. 언뜻 보면 매우 유용한 제도이다. 즉, 현대자동차 감사는 정몽구 회장의 배임 혹은 경영상의 불합리를 근거로 소송을 제기하는 것이다. 주주에게서 이러한 소송을 제기할 것을 요구받은 회사는 이 소송이 타당한지 검토해야 한다. 검토 결과 타당하지 않다고 결론을 내릴 확률이 높다. 왜냐하면 등기이사들은 물론이고 감사까지 임명할 수 있는 간접적인 권한은 지배주주에게 있기 때문이다.

이렇게 회사의 감사는 주주의 소송 제기 요청을 거부할 수도 있다. 그럴 경우 주주가 직접 소송을 해야 한다. 그 과정에서 소송을 당한 이사의 불법 행위 혹은 배임 행위에 대해 주주가 직접 증명해야 하는데 1%의 주식을 소유한 주주가 회사의 내부 자료에 접근할 수 있을까? 거의 접근 불가능하다. 우리나라의 법체계는 기본적으로 소송을 제기한 사람, 즉 원고가 피고의 잘못을 증명하도록 되어 있다. 운 좋게 현대차의 기관투자가들 중 한 곳이 소송을 제기하더라도 이길 가능성은 매우 낮다. 그리고 그 소를 제기한 기관투자가는 패소 이후에 어떠한 불이익을 받을지 생각한다면 절대로 소송을 제기하지 못할 것이다. 주주 대표 소송은 매우 훌륭한 제도이지만 실제 그 제도를 운영하면서 위와 같은 문제가 발생할 소지가 다분하기 때문에 사실상 실효성이 낮은 제도라고 할 수 있다.

특수 관계인 간의 거래 규제

여기서 이사라고 하면 등기이사를 지칭한다. 그냥 이사 혹은 임원과 등기이사는 다르다. 우리가 흔히 아는 상무, 전무, 부사장, 사장은 임원이고 이사라고 한다. 그중 등기부에 이름이 기재된 이사회 멤버가 등기이사이며 법률상의 이사이다. 등기이사 혹은 이사는 회사의 이사회를 구성하는 전문 경영인이라고 할 수 있다. 그러한 등기이사들이 회사와 거래를 할 수 있다.

〈그림 6-6〉처럼 지배주주가 있고 지배주주는 A회사의 지분 100%를 보유하고 있다. 지배주주, 즉 회장님이라고 불리는 사람이 A사의 대표이사라고 가정하자. B사에 A사는 특수 관계인이다. 우리나라의 경우 이처럼 특수 관계인과 거래하는 B사에서는 이 거래에 대한 이사회 결의를 하고 공시를 하면 된다. 이것도 모든 회사에서 하는 것이 아니라 대규모 기업집단 소속 회사 중 자산 총액이 2조 원 이상인 기업이 일정 규모 이상의 거래를 할 때에만 해당한다.

보통 일정 규모 이상의 거래라 하면 자산 총액의 5%를 의미하는 경우가 많다. B사의 이사회 멤버들은 사실상 지배주주인 회장님이 임명할 가능성이 높다. 그러므로 당연히 B사의 이사회는 A사에 일감

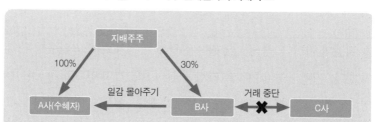

〈그림 6-6〉 특수 관계인과의 거래 구조

몰아주기를 찬성하는 결의를 할 것이다. 그리고 이 사실을 공시하면 된다. 당연히 공시할 때도 거래의 효율성 등 좋은 말들을 붙여가면서 꼭 필요한 거래라는 것을 강조할 것이다. 덧붙여 이사회 의사록 역시 이 거래가 효율성 혹은 기업 가치 제고를 위해 꼭 필요하다는 검토 보고서를 첨부해 이사회에서 가결할 것이다.

그러므로 특수 관계인과 거래할 경우 이사회에서 결의를 하도록 요구하는 것도 사실상 지배주주의 전횡을 막는 방법이 되지 못한다. 외국에서는 특수 관계인과 거래할 때마다 주주총회의 승인을 받도록 하는 경우가 많다. 매번 특수 관계인과 거래할 때마다 주주총회를 개최해야 하는 번거로움이 있다. 만약 지배주주의 지분이 낮다면 반대하는 결과도 나올 수 있을 것이다.

이사의 충실 의무

기업의 이사는, 즉 등기임원은 선량한 관리자로서 그 의무를 다해야 한다. 지배주주의 이익을 가장 우선시하는 것이 아니라 자신이 경영하고 있는 회사의 이익을 우선시해야 한다. 예를 들어 합병된 삼성물산의 등기임원들은 이재용 부회장 일가의 이익을 우선시해 의사 결정을 하면 안 되고 삼성물산이라는 법인격을 갖고 있는 법인의 이익을 우선시해 의사 결정을 해야 한다. 우리나라 상법은 이렇게 이사가 자신이 속한 법인, 즉 회사를 위해 선량한 관리자의 의무를 다하도록 아래와 같이 규정하고 있다. 특히 2011년에 회사의 기회 및 자산의 유용 금지가 신설되어서 지배주주의 전횡을 막고자 하는 노력을 했다.

> 제397조(경업금지) ① 이사는 이사회의 승인이 없으면 자기 또는 제삼자의 계산으로 회사의 영업부류에 속한 거래를 하거나 동종영업을 목적으로 하는 다른 회사의 무한책임사원이나 이사가 되지 못한다. ② 이사가 제1항의 규정에 위반해 거래를 한 경우에 회사는 이사회의 결의로 그 이사의 거래가 자기의 계산으로 한 것인 때에는 이를 회사의 계산으로 한 것으로 볼 수 있고 제삼자의 계산으로 한 것인 때에는 그 이사에 대해 이로 인한 이득의 양도를 청구할 수 있다.

제397조의 2(회사의 기회 및 자산의 유용금지) ① 이사는 이사회의 승인 없이 현재 또는 장래에 회사의 이익이 될 수 있는 다음 각 호의 어느 하나에 해당하는 회사의 사업기회를 자기 또는 제3자의 이익을 위해 이용해서는 아니 된다. 이 경우 이사회의 승인은 이사 3분의 2 이상의 수로써 하여야 한다.

　　1. 직무를 수행하는 과정에서 알게 되거나 회사의 정보를 이용한 사업기회

　　2. 회사가 수행하고 있거나 수행할 사업과 밀접한 관계가 있는 사업기회

② 제1항을 위반해 회사에 손해를 발생시킨 이사 및 승인한 이사는 연대해 손해를 배상할 책임이 있으며 이로 인해 이사 또는 제3자가 얻은 이익은 손해로 추정한다.

이는 이사가 자신이 경영하는 회사와 경쟁 관계인 회사에 겸직하지 말아야 하며, 별도로 자신이 경영하는 회사의 사업과 경쟁 관계인 사업을 하지 못하게 규정하는 것이다. 그리고 이사가 자신이 일하면서 알게 된 회사의 사업 기회를 이용해 사업을 하면 안 된다는 것이다. 그러나 단서 조항으로 이사회의 승인을 받으면 가능하도록 했다.

　계속해서 현대글로비스 사례를 든다면 현대글로비스에 정의선 부회장이 투자하는 것을 현대차 이사들이 승인했고 이노션에 정성이 이사가 투자하는 것을 역시 현대차나 관계 기업의 이사회에서 승인

했을 것이다. 그렇기 때문에 법적으로 전혀 문제가 없다. 중요한 것은 현대글로비스나 이노션의 거래는 '회사의 기회 및 자산의 유용 금지' 법안이 만들어지기 전의 사건이라서 당시 법률상으로는 전혀 문제가 없다. 설사 2011년 이후에 거래를 했다 할지라도 이사회의 승인이 있었을 것이기 때문에 법적인 문제는 없을 것이다. 그러므로 사실상 지배주주가 이사회를 장악하고 있는 한 이사의 충실 의무 조항은 효력을 발생하기 어려울 개연성이 매우 크다.

기관 투자가의 역할

일반인이고 소시민인 필자와 대부분의 독자들은 재산 증식을 위해 펀드에 가입하는 경우가 종종 있다. 이 책을 읽는 독자가 회사에 다닌다면 독자의 퇴직금은 퇴직금을 받아 운용하는 펀드에 적립되고 있을 것이다. 상장사인 경우 지배주주는 보통 30~40%의 지분을 갖고 있다. 물론 50% 이상을 보유하고 있는 지배주주도 있다. 그러면 나머지 주주는 개인 투자자와 펀드이다. 개인 투자자는 수는 많지만 투자하는 금액이 많지 않아서 투자한 회사에 영향력이 없다. 투자 규모 측면에서 실제로 지배주주의 전횡을 저지할 수 있는 힘을 가진 투자자는 기관투자가이다.

우리는 언론 보도를 통해서 제일모직과 삼성물산의 합병 과정에서 삼성그룹은 삼성물산의 지분을 보유한 기관투자가들을 일일이 찾

〈표 6-2〉 주식형 펀드 주요 운영사

(단위: 억 원)

순위	회사	운용 자금	비율(%)
1	삼성자산운용	2,067,045	20.6
2	한화자산운용	861,454	8.6
3	미래에셋자산운용	825,819	8.2
4	KB자산운용	526,512	5.3
5	(기타)	461,341	4.6
6	신한BNP파리바 자산운용	392,783	3.9
7	한국투신운용	377,659	3.8
8	키움투자자산운용	334,844	3.3
9	엔에이치아문디 자산운용	272,590	2.7
10	교보악사자산운용	259,376	2.6
11	흥국자산운용	256,962	2.6
12	하나UBS자산운용	218,453	2.2
13	동양자산운용	204,860	2.0
14	현대인베스트먼트 자산운용	141,614	1.4
15	IBK자산운용	139,972	1.4
16	이스트스프링 자산운용코리아	135,233	1.3
17	맥쿼리투자신탁운용	129,403	1.3
18	동부자산운용	125,148	1.2
19	신영자산운용	122,847	1.2
20	하이자산운용	113,024	1.1
합계		7,966,939	79.5

자료: 금융투자협회, 2016년 말 기준.

아가 합병에 찬성할 것을 요청했다는 것을 들었다. 삼성전자의 경우 기관투자가의 주식 보유 비율이 50%를 넘는다. 기관투자가들이 연합해 지배주주의 이익이 아니라 법인의 이익, 즉 자신이 투자한 기업의 가치를 극대화하는 방향으로 의결권을 행사한다면 지배주주의 전횡은 많은 부분 제약을 받게 되고 견제를 받게 될 것이다. 그러나 기관투자가들은 그러한 역할을 거의 하지 않는다. 왜 그런 역할을 하지 않을까? 우리가 알고 있는 기관투자가들은 ○○투신, ××투신 등 투자신탁회사이다.

2016년 말 현재 금융투자협회에 등록된 주식펀드 운영사는 165곳이다. 165개 사의 펀드 운영 규모는 총 1002조 원이다. 〈표 6-2〉는 2016년 말 금융투자협회에 등록된 상위 20개의 주식펀드 운영사이다.

주식형 펀드 운용사 165곳 중 펀드 투자 규모 상위 20곳이 전체의 79.5%를 차지하고 있다. 펀드 운용 규모 1위는 삼성자산운용으로 운용 자금이 206조 원에 이르며 이는 전체 펀드의 약 20.6%를 차지하는 규모다. 2위 운용사는 한화자산운용으로 운용 자금은 86조 원 규모이며 전체 펀드의 8.6%를 차지하고 있다.

일부 외국계를 제외하고는 모두 지배주주(재벌 기업)가 있는 펀드 운용사이다. 예를 들어 삼성자산운용이 삼성물산 지분 5%를 보유한다고 가정하자. 그 경우 제일모직과 삼성물산의 합병에 대해서 삼성자산운용은 어떤 의사 결정을 하겠는가? 당연히 찬성했을 가능성이 매우 높을 것이다. 투자신탁회사 역시 대부분 지배주주들이 지배하고 있는 기업이기 때문에 기관투자가가 지배주주를 감시하고 견제하는 기능을 기대하기에는 현실적인 어려움이 있다.

근본적 해결 방안

현재 지배주주를 견제하거나 감시하는 규제 중에 공정거래법의 규제와 세법의 증여 의제가 가장 강력하고 나머지 규제는 사실상 큰 효과를 기대하기 어렵다. 그러나 앞서 언급한 대로 세법의 증여 의제가 있을지라도 실제 지배주주가 얻는 이익이 더 클 가능성이 있다.

그리고 지주회사 체제에서는 증여 의제의 적용을 받지 않는 문제점이 있다. 독점 규제와 공정거래에 관한 법률을 통해, 쉽게 이야기하면 기업들의 저승사자라 불리는 공정거래위원회가 휘두를 수 있는 제재는 매출액의 5%를 과징금으로 부과하고 관련 이사에게 징역 3년 이하의 선고를 요청하거나, 벌금 2억 원 부과가 최대이다. 그러나 이마저도 공정거래위원회에서 증명해야 하는데 거래를 통해 지배주주 혹은 특수 관계인이 부당한 이득을 얻었다고 증명하기란 쉽지 않은 일이다.

지배주주를 견제하고 감시하지 못하는 한 우리 사회에서는 부의 대물림이 지속될 것이며 사회는 점차 수직적 이동이 어려워지고 경직될 것이다. 기업들 역시 기업의 가치를 증대시키기보다 지배주주의 부를 증대시키는 데 더 많은 에너지를 쏟기 때문에 우리나라 기업들의 국제 경쟁력은 약화되고 기업 가치도 더디게 성장할 것이다.

그 결과 우리나라 기업들은 세계 무대보다는 좁은 내수 시장만을 보고 경쟁하게 되고 그 피해는 고스란히 소상공인이 보게 될 개연성이 크다. 그리고 전문 경영인들은 기업 경영에 더 많은 시간을 할애하기보다 지배주주의 가신 그룹으로서 지배주주가 원하는 형태의 경영만을 할 것이다. 전문 경영인들이 수십 년간 갈고 닦은 경영 능력을 지배주주의 부를 창출하는 데 사용할 가능성이 높아 사회 전체적인 낭비가 증가하고 효율성이 낮아질 것이다.

그리고 지배주주가 지정하는 사람, 대부분은 그들의 자녀가 경영권을 승계할 것이다. 왕조시대의 왕처럼 지배주주가 지명하는 사람이 후계자가 되는 것이다. 지금의 민주주의를 이루기 위해 우리의 선배들이 4·19 혁명, 5·18 민주화운동, 1987년의 6월 항쟁에서 수많은 피를 흘리고 고통을 받았다. 그 결과 우리는 표현의 자유와 우리의 양심에 따라 행동할 수 있는 자유를 얻게 되었다. 그러나 지배주주가 존재하는 기업은 어떠한가?

우리나라 경제의 근본 체제인 자본주의를 흔들고 있으며 지배주주가 지명하는 사람이 후계자가 되고 있다. 북한의 김일성 3대가 자신들의 통치권을 세습한 것과 무엇이 다른가? 조선에서 대한민국이 된 지 100년이 넘었지만 기업 운영에서 우리나라는 여전히 후진적인 구조를 이루고 있다.

이를 바꾸기 위해서는 급진적인 제도의 변화가 필요할 것이다. 1장에서 본 일본과 미국의 사례처럼 경제력 집중을 막고 투명한 경영을 하기 위해서는 기득권을 제한해야 한다. 기득권을 제한하는 일은 매우 어렵다. 이 세상은 기득권을 가진 자들에 의해서 운영되기 때문에 그들 스스로가 기득권을 내려놓기를 바란다는 것은 거의 불가능한 일이다.

그러나 일본과 미국이 했다면 우리나라도 할 수 있을 것이다. 재벌이나 대규모 지배주주를 해체하자는 것이 아니라 재벌을 포함한 지배주주들이 자신들의 이익을 극대화하는 과정에서 기타 주주와의 대리인 비용이 크게 발생하고 사회문제가 되기도 하기 때문에 지배주주들의 직접 경영을 제한하자는 것이다. 분명 소유 경영인의 장점도 있지만 지금까지 살펴본 것처럼 단점이 더 많았다. 이러한 문제를 해결하기 위해 일본에서 쓴 방법처럼 극단적이지는 않지만 우리나라의 제도 안에서 의지만 있다면 충분히 해결할 수 있는 방법을 제안하겠다.

기업의 최고 의사 결정 기구는 이사회이다. 지배주주가 전횡할 수 있는 근본적인 원인은 이사회가 독립적이지 못하기 때문이다. 이사회가 독립적이고 이사로서 자신이 경영하는 기업의 가치 상승을 최선의 목적으로 둔다면 절대로 일감 몰아주기, 과도한 급여 지급, 회사의 투자 기회 가로채기는 일어나지 않을 것이다. 이 모든 일들은 이사회에서 찬성 결의를 했기 때문에 합법적인 것이 된다. 그러므로 새로운 제도의 초점은 이사회가 독립성을 회복할 수 있게 변경되어야 한다. 이사회의 독립성을 확보하기 위해 몇 가지 제도 도입이 선행되어야 한다.

첫째, 이사의 배임죄에 대해 명확하게 규정하고 그 증명 의무를 피고에게 지워야 한다. 현재는 이사의 배임죄는 이사가 회사의 이익에 반한 의사 결정을 했을 때 성립한다. 이사가 일단 배임죄로 고발 혹은 고소를 당하면 이 소를 제기한 측이 이를 증명할 의무가 있다. 회사의 외부인으로서 이를 증명하는 것은 불가능에 가깝다.

이사가 회사 일을 할 때는 혼자 하는 것이 아니라 본부, 팀, 팀원들이 다 같이 한다. 실제로 해당 업무를 하는 실무자들은 별도로 있다. 실무자들이 한 일을 외부인이 모두 증명하기는 불가능에 가깝다. 그러므로 배임죄로 고소당하거나 고발당한 이사들은 자신이 무죄임을 바로 증명해야 한다. 이는 이사가 회사의 정보에 가장 잘 접근할 수 있고 자신이 한 업무이기 때문이다. 재판의 원활한 진행을 위해서도 이 제도가 필요하다. 독일에서는 이사에게 자신이 무죄임을 입증할 책임이 있다.

둘째, 징벌적 배상 제도가 도입되어야 한다. 일감을 몰아주거나 기업의 투자 기회를 가로챘을 경우 공정거래위원회에서 최대한 부과할 수 있는 과징금은 매출액의 5%이다. 이 상한을 없애거나 매출액의 수백 혹은 수천 퍼센트로 상향해야 한다. 불공정 거래가 발생하면 나라의 경제 체제를 흔드는 중범죄로 다스려야 한다. 국내에서 반란이나 내란의 혐의가 있으면 최고 사형까지 선고할 수 있다.

이러한 경제사범은 우리나라의 경제 이념인 자본주의를 흔들기 때문에 지금보다 더 무거운 형량에 처하고 더 많은 과징금을 부과해야 한다. 예를 들어 얼마 전 폭스바겐 자동차가 배기가스 조작 혐의로 미국 사법 당국에 적발되었다. 이에 대한 과징금으로 미국 사법 당국은 폭스바겐에 21조 원을 부과했고 최종적으로 5조 원으로 합의를 보았다. 동일한 사건에 대해서 우리나라 사법 당국이 폭스바겐에 부과한 과징금은 141억 원이었다. 이렇듯 경제의 근본을 흔드는 부당 거래에 대해 낮은 과징금을 부과하기 때문에 우리나라에서는 지배주주의 전횡을 견제할 수 없는 것이다.

또 다른 예로 2012년에 공정거래위원회는 SK그룹이 SK C&C에 일감을 몰아주며 SK C&C가 부당 이득을 취했다고 판단했다. 그 결과 SK C&C에 부당 지원을 한 SK텔레콤, SK이노베이션, SK에너지, SK네트웍스, SK건설, SK마케팅앤컴퍼니, SK증권 7개 사에 총 346억 6100만 원의 과징금을 부과했다. 수십조 원의 매출액을 달성하는 SK그룹의 7개 사에 겨우 346억 6100만 원의 과징금을 부과한 것이다.

이러한 환경에서 과연 지배주주는 '어이쿠! 공정거래위원회 무섭구나'라고 생각하며 과거의 잘못된 관행을 개선하고 지배주주의 가치 극대화가 아닌 기업 가치 극대화를 위해 경영 능력을 발휘할까? 우리는 경제적 인간이기 때문에 불공정 거래를 통해서 얻는 이익이 과징금과 비교해서 더 크다면 지속적으로 불공정 거래를 행할 것이다. 이와 관련해 이사의 배임죄가 확정되면 회사가 받은 손실을 한도로 배상 책임을 묻는 것이 아니라 동일하게 징벌적 배상제도처럼 회사에 끼친 손해의 수십 배, 수백 배의 손해배상 책임을 부담하도록 만들어야 한다. 즉, 배임 행위를 하려면 목숨 걸고 하라는 경고를 줘야 지배주주가 원하는 대로 하려고 해도 나머지 이사들이 이러한 법 규정을 근거로 거절할 수 있을 것이다.

'부정청탁 및 금품등 수수의 금지에 관한 법률'(일명 김영란법)이 생긴 후 공무원들은 접대나 대가를 거절하기가 쉬워졌다. 물론 그동안 공무원에게 뇌물을 주던 기업체나 자영업자들 역시 김영란법을 핑계로 주지 않게 됐다. 지배주주의 손아귀에 있는 이사회 멤버들이 지배주주의 요구를 거절할 수 있는 명분을 만들어줘야 한다. 그러면 이사회의 독립성이 서서히 갖춰질 것이다. 이사회가 독립적으로 운영될 때, 주주 제안 제도, 주주 대표 소송, 특수 관계인과의 거래, 기관투자가의 역할 등이 제자리를 찾을 것이다.

지배주주가 자신의 배를 채울 수 있는 첫 출발점은 이사회에 있기 때문에 이사회가 독립적으로 운영되게 만들지 않으면 우리는 계속 같은 내용의 사건을 뉴스를 통해서 보게 될 것이다.

미국의 엔론 사례를 소개하며 이 글을 마치겠다. 엔론은 미국 텍사스주 휴스턴에 본사를 둔 에너지 기업이었다. 한때 엔론은 전 세계에서 가장 잘나가는 기업 중의 하나였다. 2000년 매출액은 1110억 달러(당시 환율로 약 120조 원)였다. 그러나 2001년 분식 회계가 적발되면서 그해 12월 2일에 파산 보호 신청을 했다.

엔론 경영진은 조직적으로 회사의 손실을 숨기는 분식을 저질렀다. 회사 경영진은 분식 회계에 대한 유죄 판결을 받았다. CEO인 제프 스킬링(Jeff Skiling)은 증권사기죄로 24년형을, CFO였던 앤드루 패스토(Andrew Fastow)는 10년형을 선고받았다. 그리고 엔론의 분식 회계를 도운 회계 법인 '아서 앤더스'는 경영난으로 2002년에 해체되었다. 미국 사회는 엔론 사태를 두 경영자와 회계법인에 대한 처벌로 끝내지 않았다. 2002년 7월 '사베인스옥슬리(Sarbanes-Oxley)법'을 제정해 회계 부정에 대해 더 강력하게 처벌할 수 있도록 했고, 회계 부정에 대한 내부와 외부의 감시 강도를 더 높이고 내부 고발자 보호를 더 강화했다.

미국은 아직까지 G1으로 절대 파워를 갖춘 나라이다. 미국은 최소한 소를 잃으면 외양간을 고친다. 우리도 그간 대우조선해양의 분식 회계, 최태원 회장의 배임과 횡령 등 수많은 기업 범죄가 유죄를 선고받았다. 그러나 우리나라에서는 지금도 이재용 부회장이 삼성물산과 제일모직의 합병을 대가로 최순실에게 뇌물을 공여한 사건처럼 유무죄를 다투는 사건들이 진행되고 있다.

다음 세대에게 더 좋은 사회를 물려주려면 우리도 최소한 소를 잃으면 외양간을 고쳐야 할 것이다. 필자는 비록 소시민이지만 이 책이 외양간을 고치는 데 밑거름이 되어 다음 세대에게는 지금보다 좀 더 상식적인 사회를 물려주고 싶다.

지은이 **김경진**

서울에서 태어났고 대학 시절부터 사회, 경제에 대해 관심이 많았다. 대학원에서 경제학과 경영학을 공부하면서 우리 사회의 문제점에 대해 깊이 공감하고 이를 해결할 방법을 찾기 위해 많은 고민을 했다. 대한민국이 세계에서 가장 살기 좋은 나라가 되기를 꿈꾸며 오늘도 자신의 자리에서 최선을 다하는 소시민이다.

재벌과 부
대한민국 부의 중심

ⓒ 김경진, 2018

지은이 ǀ 김경진
펴낸이 ǀ 김종수
펴낸곳 ǀ 한울엠플러스(주)
편집책임 ǀ 박준혁

초판 1쇄 인쇄 ǀ 2018년 9월 17일
초판 1쇄 발행 ǀ 2018년 10월 1일

주소 ǀ 10881 경기도 파주시 광인사길 153 한울시소빌딩 3층
전화 ǀ 031-955-0655
팩스 ǀ 031-955-0656
홈페이지 ǀ www.hanulmplus.kr
등록 ǀ 제406-2015-000143호

Printed in Korea.
ISBN 978-89-460-6548-2 03320

* 책값은 겉표지에 표시되어 있습니다.